KB271706

韩国语能力考试 – 听力（初级/中级）

金忠实·李吉莲

▌ 글쓴이 (著者) ▌

김충실 (金忠实)

현재 상해외국어대학교 한국어학과 부교수
부산외국어대학교 중국어과 교환교수

现任) 上海外国语大学校 韩国语系 副教授
釜山外国语大学校 中文系 交换教授

이길연 (李吉莲)

현재 마산 창신대학 한국학과 학과장
现任) 马山 昌信大学 韩国语系 系主任

한국어능력시험

韩国语能力考试

듣기 초급/중급

听力（初级/中级）

김충실 _ 이길연

도서출판 박이정

머리말 (序言)

  듣기나 듣기 평가는 다른 영역에 비해서 연구가 많지 않은 편이다. 듣기는 기계검사로 측정할 수 없고 생활만이 그것을 측정할 수 있는 것이다.

  만약 우리가 표준화된 검사지로 학습자들의 듣기 능력을 측정해서 그 학습자의 듣기 능력 수준은 몇 점이라고 말할 수 있다면 참으로 다행이겠지만 그것이 진상을 말해 주는 것은 아니다. 따라서 듣기가 정확히 어떤 기능들이 어떻게 작용한 결과로 수행되는지는 확실하게 밝혀지지 않았고, 듣기의 교수·학습에 대한 성과물도 읽기나 쓰기에 비해 부족한 실정이므로 당장 듣기 평가 전반을 논하기는 어려움이 있다.

  이론상으로 '무엇을 어떻게 평가할 것인가'는 '무엇을 어떻게 가르칠 것인가', 그리고 '어떻게 가르쳤는가'에 대한 답을 얻은 후에 제기될 수 있는 문제이기 때문이다. 이러한 원인으로 듣기 교재는 다른 문법이나 어휘나 읽기, 쓰기 교재에 비해 수요량이 적지 않은 데도 중국에서나 한국에서나 많이 만들어지지 못하고 있다.

  특히 한국에 와서 유학하고 있는 중국 유학생들의 경우, 이런 학습서들이 필요하다는 이야기를 많이 듣게 된다.

  문법은 문법사전, 어휘는 어휘사전을 찾으면 되지만 듣기는 어디서부터 어떻게 공부해야 할지 모르겠다는 것이 그들의 안타까움이라고 했다.

  그들에게 조금이라도 도움이 되고자 듣기 시험대비 교재를 선물하여 시험출제경향과 그리고 어떻게 분석하며 풀어가는가 하는 것에 대해 설명하고, 역문을 달아 그들이 설명을 들으면서 아래 중국어 역문을 보고 쉽게 이해할 수 있게 하여 그들이 시험을 잘 볼 수 있게 도우려는데 그 취지를 두었다.

책의 구성과 학습방법

  이 교재는 앞에서 말한 바와 같이 시험대비용 교재이므로 시간은 40시간에 다 배우는 분량으로 정했다.

  먼저 역대의 기출문제를 종합 분석한 후 같은 유형의 문제를 두 개 출제하고 각 문제를 두 번 들려주고 핵심단어를 해석해 준다. 다음, 문제를 분석하는 방법을 가르쳐서 언어정보처리능력, 사고능력, 판단 추리능력 등 능력 향상에 초점을 두었다. 다음으로 그 유형의 문제 두 개를 연습문제로 내주어 풀어보게 한다.

　　有关听力和评估听力的研究相对来讲比较少，而且听力能力无法用机械手段来测定，只能靠生活实践测定。

　　如果仅靠标准试卷能够测定学习者的听力水平当然很好，但是这样测试的结果不是很客观，也很难真正了解学习者的听力实力。首先，很难明确学生是否听得正确，而且很难确定哪些技能导致了什么样的结果。其次，比起有关读，写技能的教学方法与学习方法的研究听力方面的研究较少，所以对听力水平进行全面，客观的评价暂时还有一定的困难。

　　从理论上讲"对什么如何评价"的问题是在"应该怎样教什么"和"是如何教的"问题得到答案后才能提出的问题。正因为如此，尽管与听力相关的教材需求量不少于其他语法，词汇，阅读，书写的教材，但是在中国和韩国这方面可供研读，实用的书籍还是很少。我经常听到来韩国留学的中国留学生非常需要这方面书籍的信息。他们的苦处在于听力不像语法，词汇，在语法书，词典中可以找到答案。

　　本书旨在于尽量帮助他们解决这个难题，使学生更好地应对听力考试。在教材中对听力试题的出题倾向，对问题的分析和解决方法进行了说明，增加了有助于正确理解的中文译文。

　　书的构成和学习方法：
　　这个教材如上所述，是应试用教材，教程为40课时。
　　首先例举了曾在听力测试中出现过的试题，对此进行综合分析后，提出同类型的两道练习题，学生试听两遍并解释核心单词，然后说明分析问题的方法，着重于提高学生的语言信息处理能力，思考能力，推理能力等能力的提高。最后提供两个同类型的习题，让学生自己练习。

차 례

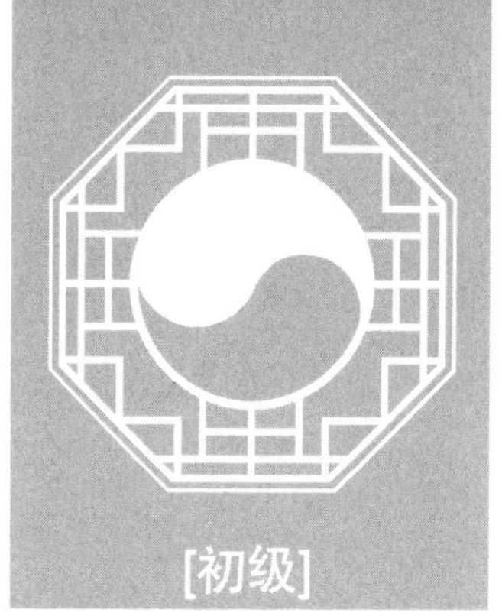

초급듣기

1. 어휘이해에 관한 질문 (对词汇的理解提问)

2. 세부적인 질문 (具体的提问)

3. 기능적인 질문 (关于功能性问题的提问)

4. 논리적인 질문 (关于逻辑性问题的提问)

§ 한국어능력시험 초급듣기 §

듣기는 단순히 말소리의 음파를 귀로 받아들이는 것을 의미하지 않는다. 듣기란 청자(聽者)의 머릿속에서 말소리가 의미로 바뀌는 과정 즉, 청각에 의해서 인지된 정보를 처리하는 과정을 말한다.

이것은 이해하는 측면에서 읽기와 매우 유사하나 순간적이고 일회적이라는 차이점이 있다. 지금까지 10회에 걸친 기출문제를 보면 초급에서 듣기의 내용은 주로 4가지로 나누어 보았다.

하나는 단어의 기본의미와 주변의미, 그리고 관용어, 고사성어, 숙어 등 단어의 뜻을 파악하는 문제이고, 두 번째는 대화에서 시간, 장소, 인물, 수량 등에 관한 세부적인 질문이고, 세 번째로는 어기, 비교, 동기 평가, 요약 등에 관한 기능적인 질문이고, 네 번째는 원인, 가정, 조건, 대립간계에 관한 논리성 질문들이다. 초급에서는 논리성 질문이 적고 세부적인 질문과 기능적인 질문형식의 문제가 많이 출제되었다.

그리고 초급에서 듣기는 주로 들은 내용을 그림으로 확인하기, 그림에서 찾기, 그리고 내용을 듣고 간단한 물음에 대답하기, 대화의 내용과 일치 여부를 판단하는 문제, 그리고 논리적인 추리와 판단을 통하여 대화에 이어질 수 있는 말을 고르는 형식으로 출제되었다. 위의 내용을 간단히 정리하면 아래와 같다.

듣기 출제내용 :

    1) 단어의 뜻을 파악하는 질문: 관용어, 고사성어, 속어에 관한 문제
    2) 세부적인 질문: 시간, 장소, 인물, 수량에 관한 문제
    3) 기능적인 질문: 어기, 비교, 태도나 동기, 평가, 요약에 관한 문제
    4) 논리성 질문: 원인, 가정, 조건, 대립 관계에 관한 문제

듣기 출제 형식 :

    1) 내용을 듣고 물음에 대답하기
    2) 대화를 듣고 내용과 일치한 것을 고르기
    3) 내용을 듣고 중심 생각을 고르기
    4) 대화를 듣고 이어질 수 있는 말을 고르기

韩国语能力考试 初级听力

听力并不单纯地意味着用耳朵接受音波，所谓听力指的是在听者的脑子里声波变成某种意义的过程，即听觉认知的信息处理过程。

听觉和阅读在理解的层面上很相似，但它具有瞬间性和一次性的特点。到现在为止前10回的试题中初级的听力内容主要分以下4个部分。

第一部分是掌握单词的基本意义和衍生意义，还有惯用语，成语，谚语等单词的理解；第二部分是对时间，场所，人物，数量等的具体提问；第三部分是对语气，比较，动机，评价，概括等的技能性提问；第四是对原因，假设，条件，对立等关系的逻辑性提问。在初级阶段逻辑性提问少，具体性提问，机能性提问的试题比较多。

还有初级的听力主要用图画确认所听内容，在图画中寻找答案，听完内容简单地回答提问，判断与对话内容一致与否，经逻辑推理和判断完成对话等形式的出题。简单整理上述内容，可概括为如下几点：

听力出题内容：
1) 关于掌握单词意义的提问：惯用语，成语，谚语相关问题。
2) 具体性提问：时间，地点，人物，数量相关问题。
3) 机能性提问：语气，比较，态度，动机，评价，概括相关提问。
4) 逻辑性提问：原因，假设，条件，对立关系相关提问。

听力出题形式：
1) 听内容回答问题
2) 听对话选择与对话一致的内容
3) 听内容选择中心思想
4) 听对话选择可接续句子

어휘이해에 관한 질문
（对词汇的理解提问）

어휘이해에 관한 문제는 주요하게 어휘의 기본의미, 관용어, 고사성어, 속담 등 네 가지로 출제된다. 어휘의 기본의미에서는 다의어, 비슷한 단어, 반대말 등에 대한 이해를 평가하고, 관용어에서는 관용어의 정확한 이해를 평가하고, 고사성어나 속담 에서는 문화적 배경에 대한 이해까지도 평가된다.

译文 关于词汇理解的提问

关于词汇理解的试题主要分词汇的基本意义, 惯用语, 成语, 谚语等四个部分。在 词汇的基本意义中主要考核对多义词, 近义词, 反义词等的理解; 在惯用语部分是判 断是否正确理解惯用语的题型; 在成语和谚语部分还包括对文化背景的理解。

1) 어휘의 기본의미

초급단계에서 어휘는 주로 다의어라든가 아니면 비슷한 단어, 그리고 반대말 등 어휘를 문맥 속에서 이해하는 정도로 출제된다. 그러므로 초급 듣기에서 어휘의 기본의미는 어려운 단어나 생소한 단어보다는 기초단어를 문맥 속에서 정확히 이해하 는데 그 중점을 준다.

译文 词汇的基本意义

在初级阶段的试题中注重多义词, 近义词, 反义词等词汇在文章中的理解。所以, 在初级阶段的听力中词汇的重点并没有放在生词, 难词上, 而是放在在文章中正确 理解基本词汇上。

[예1] 다음을 듣고 물음에 답하십시오. (听短文回答提问。)

 **듣기대본** (听力本文)

> 나는 영화광이다. 마음에 드는 영화는 몇 번이고 다시 본다. 영화는 내가 하는 일과 같은 것이 있다. 영화와 소설 쓰기는 둘 다 하나의 사회 모습을 이야기 하는 일이기 때문이다.

> 질문 : 나는 뭘 하는 사람인가?
>
> ① 영화시나리오를 쓰는 사람
> ② 영화 배우
> ③ 영화 만드는 사람
> ④ 소설 쓰는 사람

☑ **핵심표현**

□□	광	谜	□□	마음에 들다	相中, 喜欢
□□	몇 번	几次	□□	사회모습	社会面貌
□□	이야기하다	说	□□	소설	小说

➣ **포인트** 소설쓰기

설명 ···

　　우선 지문에 있는 "나는 뭘 하는 사람인가"를 염두에 두고 듣는다. 대본에 "영화광"이란 단어는 몰라도 그냥 넘길 수 있다. 다음에 "내가 하는 일과 같다"를 주의해 듣고 아래 "영화와 소설 쓰기"라는 두 가지 일에 대한 정보가 있으므로 자기 하는 일을 영화와 비교하였으니 당연히 영화 외 소설 쓰는 일이 "내"가 하는 일이 된다. 따라서 정답은 ④이다.

　　(说明)　首先要留意提问"나는 뭘 하는 사람인가"。即使不懂短文中的单词"영화광"的意思, 也无碍。要注意下面的"내가 하는 일과 같다", 同时提供了两个信息"영화와 소설 쓰기"的职业。既然拿自己的工作与电影作了比较, 他的工作理所当然是写小说了, 正确答案当然是④了。

[예2] 다음을 듣고 이 사람의 생각은 무엇인지 고르십시오. (听短文选择正确答案。)

 **듣기대본**（听力本文）

> 바른 말은 옳은 생각에서 나온다. 세상에 '빈말'과 '거짓말'이 많은 것은 제대로 된 생각이 없기 때문이다. 그러므로 사람의 악한 행동을 탓하기 전에 그 사람의 생각부터 착하게 만들어야 한다.
>
> ① 말과 행동이 같아야 한다.
> ② '빈말'과 '거짓말'은 악한 행동에서 나온다.
> ③ 악한 행동을 먼저 나무람해야 한다.
> ④ 올바른 생각을 가져야 올바른 말과 행동을 할 수 있다.

핵심표현

바르다	正确		옳다	对的
빈말	空话		거짓말	谎话
제대로	毫厘不差		악하다	恶
탓하다	怪		착하다	善良

포인트　－기 전에

설명

이 문제는 동의어와 반대어, 그리고 유의어를 제대로 이해하는데 초점을 두어야 한다. 대본과 지문에는 "바르다"와 "옳다", "빈말"과 "거짓말", "악하다"와 "착하다" 그리고 "나무람하다"와 "탓하다" 등 네 개의 비슷한 말과 동의어, 그리고 반대말들이 있다. 이 단어들의 뜻을 정확히 이해한다면 문제의 답을 쉽게 찾을 수 있다. 정답은 ④이다.

说明　这个提问的焦点应该放在对同义词, 反义词, 近义词的理解。短文和提问中有 "바르다"和"옳다", "빈말"和"거짓말", "악하다"和"착하다", 还有 "나무람하다"和"탓하다"等四对近义词, 同义词, 反义词。如果正确理解了这些单词的词义, 就会很容易找到答案。正确答案是④。

(1) 다음을 듣고 물음에 답하십시오. (听短文回答问题。)

🎧 **듣기대본** (听力本文)

> 등산할 때 음식은 배가 고프기 전에 조금씩 자주 먹어야 하며, 보통 약 50분 산행 뒤 5분 정도 쉬어야 한다. 또한 산행 중에는 등산하기 좋게 발에 꼭 맞도록 끈을 묶고 일정한 속도로 걸어야 한다.

질문 : 이 글은 무엇에 대한 글입니까?

① 등산의 즐거움을 소개했다.
② 산행 중 식사법을 소개했다.
③ 등산할 때 주의할 점 소개했다.
④ 산에서 할 수 있는 운동을 소개했다.

☑ **핵심표현**

☐☐	등산	登山	☐☐	조금씩	一点一点地
☐☐	산행	山行	☐☐	꼭 맞다	正合适
☐☐	끈	绳子	☐☐	묶다	捆

∞ **포인트** −어야 한다

(2) 다음을 듣고 물음에 답하십시오. (听短文回答问题。)

🎧 듣기대본 (听力本文)

> 직원: 손님, 여기는 비즈니스 수속 창구입니다. 일반석은 저쪽에 가셔서
>   수속하셔야 합니다.
> 손님: 죄송합니다. 처음이라서 잘 몰랐습니다.
> 직원: 괜찮습니다. 저쪽 가셔서 줄을 서세요.
> 손님: 알겠습니다. 죄송합니다.
> 손님: 탑승 수속을 하려면 뭐가 필요한가요?
> 직원: 티켓하고 여권입니다.
>
> 질문 : 이 사람은 지금 어디에서 뭘 하고 있습니까?
>
> ① 공항에서 비즈니스 수속을 합니다.
> ② 부두에서 배를 탑니다.
> ③ 공항에서 탑승수속을 합니다.
> ④ 티켓하고 여권을 찾고 있습니다.

☑ 핵심표현

□□ 탑승	搭乘, 登机	□□ 비즈니스수속창구		公务舱窗口
□□ 티켓	票	□□ 여권		护照
□□ 부두	码头	□□ 일반석		普通舱

☞ **포인트**　탑승수속을 하려면

관용어란 두 개 이상의 단어로 이뤄져 있으면서 그 단어들의 의미만으로는 전체의 의미를 알 수 없는, 특수한 의미를 나타내는 표현이다. 의미의 특수화 현상에 따라 하나의 단위 개념인 것처럼 사용되기 때문에 한 개의 어휘 소와 동일한 가치를 가지는 것으로 간주한다. 관용어를 사용하면 같은 내용이라도 효과적이고 신선하게 표현할 수 있다.

속담이나 숙어 같은 관용적 표현이 민족의 전통 생활문화와 관련된 이야기를 배경으로 하고 있기 때문에 외국인들이 목적어를 배울 때 관용어를 어렵게 생각한다. 그러므로 목적어에 있는 관용어 뜻을 모국어에서 같은 관용어 표현을 찾아서 대조시켜 준다면 가장 빠른 공부방법이라 할 수 있다.

그러나 관용어의 많은 표현들이 민족의 전통 생활문화와 관련된 이야기를 배경으로 하기 때문에 일대일로 대응되는 관용어 표현들이 많지 않다. 때문에 학습과정 중에 있는 학생들에게 우선 관용적 표현이 제공되는 대화를 제시한 후 우선 문맥 안에서 관용적 표현의 의미를 능동적으로 찾아보라고 지시하고 과제를 해결한 다음에 그 관용적 표현이 나타나게 된 문화적 배경에 대해 설명해 준다면 학생들은 관용어의 의미뿐만 아니라 의미를 정확하게 알지 못하는 새로운 어휘가 나오더라도 그 의미를 파악하는 데 어려움을 줄일 수 있다.

지금까지 초급에서 기출 된 시험문제 읽기, 어휘, 문법, 쓰기 모든 영역을 돌아보아도 관용어 수는 극히 제한되어 있다. 일상생활에서 자주 쓰는 몇 가지만 반복하여 출제 되었고 듣기에서는 거의 출제되지 않았다. 그러나 한국어 능력시험의 강도가 점점 높아가는 시점에서 관용어는 초급에서도 점점 많이 다루어 질 것으로 보인다.

译文 惯用语

惯用语由两个以上的单词组成，而且是一种就靠其单词意义的简单推测无法了解整体所要表达的特殊意思的表现方式。这种特殊的表现方式可被视为一个整体的概念，所以也可被视为一个词素。即使是表达同样的内容，如果使用惯用语，就可以表现得更为生动，更为有效。

谚语，俗语等惯用语的表达方式大都以该民族的传统，生活，文化为背景，所以对外国人来说掌握惯用语是有一定的难度的。在学习外语惯用语时在母语中寻找类似意义的惯用语，并加以对照的话，是学习惯用语的一种捷径。

但是很多惯用语毕竟与民族的传统和生活，文化衍生出来的故事息息相关，所以两种语言中其意义完全等同的，对应的惯用语并不多见。所以在学习过程中给学生先提供带有惯用语的对话，然后要求学生在文中主动地寻找惯用语，在学生完成以上课题后再讲解该惯用语出现的文化背景，这样一来学生不仅能透彻地理解和掌握惯用语的意义，即使惯用语中出现生词也不会影响他们掌握主要的核心意义。

到目前为止的初级阶段中出现的惯用语试题在阅读，词汇，语法，写作领域里出现的数量极为有限。只有常用的几个反复地出现几次，在听力测试中几乎没有出现。但是随着韩国语听力测试题难度的加大，对听力要求逐渐在提高，在初级阶段会逐渐地加大惯用语的比重。

[예1] 다음을 듣고 내용과 일치한 것을 고르십시오. (听短文, 选择与短文内容相符的内容。)

🎧 **듣기대본** (听力本文)

> 가: 미정 씨, 그런 어려운 전문용어도 할 줄 아세요?
> 나: 한국에서 십 년이나 살았는데 이 정도는 식은 죽 먹기지요.
>
> ① 한국에서 식은 죽 먹었어요.
> ② 한국말을 너무 잘해요.
> ③ 한국말을 잘 못해요.
> ④ 한국에서 십 년 살아도 한국말을 못해요.

☑️ **핵심표현**

□□ 어렵다	难	□□ 전문용어	专业用语
□□ 살다	生活, 住	□□ 정도	程度
□□ 식은 죽 먹기	易如反掌		

💬 **포인트** -(으)ㄹ 줄 알다

이 문제의 핵심은 "식은 죽 먹기"라는 관용어를 이해하는 것이다. 식은죽 먹기란 일이 아주 쉽다는 것을 뜻하는 말이다. 이 듣기 지문의 경우는 십 년이나 한국에서 살았기 때문에 어려운 전문용어도 할 줄 안다는 표현으로 한 말이다. 같은 표현으로 "누워서 떡 먹기"라는 표현도 있고, 중국어에는 "易如反掌"의 뜻과 같다.

说明 这个问题的核心是对惯用语"식은 죽 먹기"的理解。"식은 죽 먹기(喝凉粥)"指的是非常地容易。这里所要表达的是说话者在韩国生活了10年, 即使是有难度的专业用语也都掌握了。类似的表达方式还有"누워서 떡 먹기", 相当于我们汉语的"易如反掌"。

[예2] 다음을 듣고 내용과 일치한 것을 고르십시오. (听短文，选择与内容一致的答案。)

듣기대본 (听力本文)

> 남: 오늘 시험 잘 봤어요?
> 녀: 잘 보기는요? 또 미역국 먹게 생겼어요.
>
> ① 시험을 잘 보았어요.
> ② 시험을 잘 보지 않았어요.
> ③ 시험을 잘 보지 못했어요.
> ④ 시험 후 미역국을 먹게 돼요.

핵심표현

□□ 시험보다	考试	□□ 미역국 먹다 [惯用语]	考试落榜
□□ 생기다	发生		

포인트 보기는요?

설명

듣기 내용에서 관용어 "미역국을 먹다"를 제대로 이해할 수만 있다면 문제의 답을 쉽게 찾을 수 있다. 한국어에서 미역국은 여러 가지 문화적 의미를 가진다. 한국 사람들은 생일 날 아침에 미역국을 끓여먹고, 아이를 낳으면 미역국을 먹지만 "미역국을 먹다"는 관용어로서 시험에서 낙방을 뜻한다. 때문에 한국 사람들은 생일에는 미역국을 먹지만 시험 볼 때 미역국을 먹지 않는다.

说明　如果掌握了惯用语 "미역국을 먹다"的意思，就会容易找到正确的答案。在韩国语中海带汤具有多种文化意义。韩国人在生日之晨或分娩之后都喝海带汤，但是作为惯用语"喝海带汤"却指考试落榜，所以韩国人在过生日的时候喝海带汤，但是考试的时候不喝海带汤。

(1) 다음을 듣고 화자의 말뜻이 무엇인지 고르십시오.

(听对话，选择说话者的意图是什么。)

🎧 듣기대본 (听力本文)

> 남자: 올해 안에는 국수 먹을 수 없는 거니?
> 여자: 아마 10월 달에 먹을 수 있을 거야.

> ① 국수를 먹을 수 있다.
> ② 10월 달에 국수를 먹을 수 있다.
> ③ 10월 달에 결혼 할 수 있을 것 같다.
> ④ 올해 국수를 먹을 수 없다.

☑ 핵심표현

□□ 올해	今年	□□ 안에	−之内
□□ 아마	或许	□□ 결혼	结婚

✎ 포인트　국수를 먹다

Memo

(2) 다음을 듣고 내용과 일치한 것은 고르십시오. (听对话，选择与内容一致的选项。)

🎧 **듣기대본** (听力本文)

> 남자: 낮이 익은 거 같은데, 그를 어디서 봤더라?
> 여자: 혹시, 초등학교 동창 아니에요?
> 남자: 그러고 보니, 그런 것 같네.
>
> ① 그는 초등학교 동창이 아니다.
> ② 그는 초등학교 동창이다.
> ③ 그를 어디에서 봤다.
> ④ 얼굴을 어디서 본 것 같은데 초등학교 동창인 것 같다.

✔ **핵심표현**

☐☐ 낮이 익다	面熟		☐☐ 혹시	或许
☐☐ 동창	同学		☐☐ 그러고 보니	……之后才…

∞ **포인트** 낮이 익다

Memo

3) 고사성어

고사성어란, 말 그대로 옛날에 일어났던 역사적인 사건이나 전해 내려오는 이야기를 바탕으로 만들어진 어구를 말한다. 고사성어 속에는 신화, 전설, 역사, 고전 문학 작품 등에서 비롯된 말이 포함되며, 조상들의 사상, 감정, 생활의 지혜 및 가치관이 녹아있는 어구들이 포함된다. 고사성어는 중국어에 있는 성어와 같은 뜻이므로 쉽게 이해하지만 한국에서 만들어진 고사성어와 중국어의 성어가 꼭 같은 것은 아니기 때문에 각별히 주의를 해야 한다. 그러나 초급, 특히 듣기에는 거의 출제되지 않았기 때문에 한국어에서 쓰는 가장 기본적인 것만 몇 개 다룬다.

译文 成语

"고사성어"是指以古时传下来的历史事件或故事为背景而衍生出来的短语。"고사성어"是以神话，传说，历史，古典文学作品等素材而选出来的，它包含着先祖们的思想，感情，生活的智慧以及价值观等内容。"고사성어"与中文的"成语"是相似的，理解起来比较容易一些，但一定要明确韩国的"고사성어"与中国的"成语"并不完全相同。在初级阶段的试题中尤其是听力试题几乎没有出现过，所以选几个最基本的惯用语来进行讲解。

[예1] 다음을 듣고 내용과 일치하지 않은 것을 고르십시오.

(听短文，选择与短文内容不一致的答案。)

듣기대본 (听力本文)

> 가: 어제는 태풍이 불더니 오늘은 폭우까지 쏟아지네요.
> 나: 설상 가상이라더니 이런 경우를 두고 하는 말이군요.
>
> ① 눈에다 서리까지 온다.
> ② 태풍에 폭우까지 내린다.
> ③ 어려운 일이 연이어 일어나서 어렵다.
> ④ 눈 위에 또 서리가 덮친 격

핵심표현

□□ 태풍이 불다	刮台风		□□ 폭우	暴雨
□□ 쏟아지다	倾盆大雨		□□ 설상가상	雪上加霜
□□ 경우	情况		□□ 서리	霜
□□ 연이어	随后就		□□ 덮친 격	纠缠在一起
□□ 일어나다	发生			

포인트 설상가상

이 문제는 고사성어 "설상가상"을 이해하는 것이 핵심포인트이다. 이 성어는 "눈 위에 또 서리가 덮인 격"이라는 뜻으로 '어려운 일이 연이어 일어남'을 비유하여 이르는 말이다. 듣기 지문에서는 태풍에다 폭우까지 내려 더 어렵다는 뜻으로 쓰였다. "설상가상(雪上加霜)"을 중국어로 이해해두면 쉽게 문제의 정답을 찾을 수 있다. ④는 성어 설상가상에 대한 해석이고 ①은 글자 그대로 번역한 것으로 태풍에 폭우까지 내린다는 뜻으로 해석될 수 없다. 그러므로 내용과 일치하지 않는다.

说明　这个问题的重点是对成语"설상가상"的理解。这个成语是以"雪上加霜"比喻不幸的事情连续发生。短文的意思应该是因刮台风, 又下暴雨使人困苦。如果直接用中文理解"雪上加霜"的话容易找到正确答案。④是对成语的解释, 而①是逐字翻译, 不能表示台风加暴雨的意思, 所以与短文内容不一致。

[예2] 다음을 듣고 내용과 일치하지 않은 것을 고르십시오.

(听短文, 选择与短文内容不一致的答案。)

듣기대본 (听力本文)

> 남자: 다이어트 시작한 지 사흘 만에 포기하다니요?
> 여자: 너무 고기가 먹고 싶어서요.
> 남자: 또 작심삼일이 되고 말았어요.

> ① 다이어트를 사흘 동안 했어요.
> ② 여자는 다이어트를 하고 싶어한다.
> ③ 남자는 다이어트를 사흘하고 포기했다.
> ④ 여자는 다이어트하려는 결심이 굳지 못하다.

☑ 핵심표현

다이어트	减肥		포기	放弃
작심삼일	两天打鱼, 三天晒网		결심	决心
굳다	坚定			

☞ 포인트　작심삼일

설명

    위의 듣기 내용에서 성어 "작심삼일"을 제대로 이해한다면 쉽게 답을 찾을 수 있다. 작심삼일은 품은 마음이 사흘을 못 간다는 뜻으로 결심이 굳지 못함을 빗대어 이르는 말이다. 듣기지문에서 여자는 다이어트를 하고 싶어 결심하지만 고기가 먹고 싶어 다이어트를 사흘하고 포기한다. 지문에서 ①과 ②, 그리고 ④는 모두 내용과 같다. ③은 남자가 다이어트를 사흘하고 포기했다고 했으므로 내용과 같지 않다.

说明   如果正确理解了成语"작심삼일" 就很容易找到答案。"작심삼일"指的是所下的决心不超过三天，意志不坚定。短文中女子要减肥，可想吃肉，到第三天就放弃减肥了。①，②，④都和短文内容一致。③表示男子减肥减了三天就放弃了，所以和内容不一致。

(1) 다음 대화를 듣고 내용에 알맞은 성어를 고르십시오. (听对话，选择恰当的成语。)

듣기대본 (听力本文)

> 남자: 사귄 지 몇 년 되었는데 왜 아직 결혼 안 하세요?
> 여자: 부모님들도 반대하고 남자 친구의 부모들도 반대에요.
> 남자: 완전히 고립되었네요.

① 사면초가　　　② 불구대천
③ 야단법석　　　④ 각주구검

핵심표현

☐☐ 사귀다　　交(朋友)　　　☐☐ 아직　　还
☐☐ 반대하다　反对　　　☐☐ 완전히　彻底地, 完全地
☐☐ 고립되다　孤立

☞ **포인트**　사면초가, 고립되다

(2) 다음 대화를 듣고 내용에 알맞은 성어를 고르십시오. (听对话，选择恰当的成语。)

듣기대본 (听力本文)

> 여자: 그 아가씨 아주 예쁘던데 누구세요? 애인이에요?
> 남자: 아니에요. 고향 친구예요. 아주 어릴 적부터 함께 자란 고향 친구예요.

① 죽마고우 　　　　② 표리부동

③ 새옹지마 　　　　④ 오십보백보

☑ 핵심표현

□□ 애인	恋人	□□ 고향	故乡
□□ 어릴적	小时候	□□ 자라다	成长

☞ 포인트 죽마고우

Memo

　　속담이란 조상들의 체험을 통해 얻은 인생에 대한 교훈과 경고 따위를 간결하게
표현한 말이다. 속담은 예로부터 전해 내려와 사람들의 마음 속에 깊은 공감을 얻어
널리 퍼진 격언을 말하는 것으로, 그 민족의 특성, 재치, 지혜 등을 담고 있으며,
오랜 세월 동안 조상들의 생활이 반영되어 전해 내려온 것이다. 속담 속에는 옛날
사람들의 생각과 생활 풍습이 담겨져 있을 뿐만 아니라 충고와 경계, 나무람, 슬기
유머 등이 담겨있다. 속담 역시 관용어나 고사성어와 같이 초급 듣기에서는 거의
출제되지 않는다. 아래 자주 쓰는 기본적인 몇 개만 예로 든다.

译文 谚语

　　所谓谚语是指我们的祖先对人生体验的感悟, 经验, 警训等的简洁, 概括的语言表
达形式。谚语从古传到今, 广为流传, 深得共鸣, 而且格言形式承载着该民族的特
性, 能力, 智慧, 传承着祖先的文化, 风俗。从谚语可以窥见古代先人们的思想, 生活
风俗, 忠告, 警示, 惩戒, 智慧, 幽默等。谚语犹如惯用语和成语在初级听力阶段几乎
不出现。下面只列举常用的几个简单的谚语。

[예1] 다음 대화내용과 같은 말을 고르십시오. (听对话，选择与内容一致的选项。)

🎧 **듣기대본** (听力本文)

> 가: 그 대학에 들어가기가 아주 힘들다면서요?
> 나: 문턱이 워낙 높아서 들어가기가 하늘의 별 따기에요.
>
> ① 그 대학에 들어가기 쉽다.
> ② 그 학교 문이 높다.
> ③ 그 대학에 들어가기 아주 어렵다
> ④ 하늘에 별을 따야 한다.

☑ **핵심표현**

□□ 힘들다	难		□□ 문턱이 높다	门槛高
□□ 워낙	**本来**		□□ 하늘	天
□□ 별	星星		□□ 따다	摘

∞ **포인트** 하늘의 별 따다

　　하늘의 별 따기는 이루기가 매우 어려운 일을 이르는 말로서 듣기 지문에서는 지원자들이 많아서 들어가기가 매우 어렵다는 뜻으로 표현했다. 반대의 뜻으로 "식은 죽 먹기" "누워서 떡 먹기" 등 표현이 있다. 따라서 답은 ③이다.

〔说明〕 以摘天上的星星寓意艰难，短文中指报考的人很多，因而很难考上。与其意义相反的谚语表达方式有"식은 죽 먹기"，"누워서 떡 먹기"等。正确答案是③。.

[예2] 다음을 듣고 대화내용이 무슨 뜻인지 고르십시오. (选择与对话内容相同的选项。)

듣기대본 (听力本文)

> 친구: 미정이는 왜 아직도 안 와요?
> 민영: 저기 봐요. 제시간에 오잖아요?
> 친구: 호랑이도 제 말 하면 온다더니….

> ① 미정이는 아직 안 왔다.
> ② 호랑이도 제 말 하면 온다.
> ③ 미정이는 친구가 자기 말 할 때 바로 나타났다.
> ④ 미정이는 제시간에 오지 않았다.

☑ 핵심표현

제시간	按时	호랑이	老虎
바로	就是, 正是	나타나다	出现

포인트 호랑이도 제 말 하면 온다

속담 "호랑이도 제 말 하면 온다."는 어떤 자리에서, 마침 이야기에 오른 바로 그 사람이 나타났을 때에 이르는 말이다. 이 문제에서 친구와 민영이가 미정에 대해서 말할 때 미정이가 나타난 것을 비유해서 한 말이다. 답은 바로 지문③이다.

说明 谚语"호랑이도 제 말 하면 온다."意指正在谈论谁，谁就来了。短文中比喻朋友和敏英正在谈论美婷时，美婷恰巧出现的情景。中文也有与之相对的成语叫做"说曹操，曹操就到"。故正确答案是③。

(1) 다음을 듣고 같은 내용을 뜻하는 속담을 고르십시오. (选择符合对话内容的成语。)

🎧 듣기대본 (听力本文)

> 남자: 미영 씨 말씀하시는 걸 들어 보니 영어를 참 잘하시나 봐요.
> 여자: 어릴 때 미국에서 자라서 이런 것쯤은 아무것도 아니에요.

> ① 누어서 떡 먹기
> ② 하늘에 별 따기
> ③ 등잔 밑이 어둡다.
> ④ 호랑이도 제 말 하면 온다.

☑ 핵심표현

☐☐ 누워서 떡 먹기	易如反掌		☐☐ 등잔 밑이 어둡다	灯下黑
☐☐ 이런 것쯤	这些事情		☐☐ 아무것도	什么也…

∞ 포인트 누워서 떡 먹기

Memo

(2) 다음을 듣고 같은 내용을 뜻하는 속담을 고르십시오. (选择符合对话内容的成语。)

듣기대본 (听力本文)

> 남자: 미정 씨가 언제 약혼을 했어요?
> 여자: 한 사무실에 있으면서도 정말 모르고 있었네. 은영 씨는 언제 알았
>   어요?
> 은영: 저도 방금 알았어요.
>
> ① 등잔 밑이 어둡다.
> ② 식은 죽 먹기
> ③ 남의 떡이 더 커 보인다.
> ④ 소 귀에 경 읽기

☑ 핵심표현

　　　약혼하다　订婚　　　　　　　　소귀에 경 읽기　对牛弹琴
　　　남의 떡이 더 커 보인다　这山望着那山高

☞ 포인트　등잔 밑이 어둡다.

　　　　　灯下黑，当局者迷

세부적인 질문
(具体的提问)

어떤 문장은 몇 가지의 정보를 나열하였는데, 예를 들면 몇 개의 장소, 여러 인물, 몇 가지의 상품, 몇 개의 상황 등을 쓰고 "지금 어디에 있으며, 누가 무엇을 하는가, 어느 상품은 그가 사지 않았으며, 어떤 상황이 그에게 가장 적합 한가" 등 물음을 제기하여 그 중에 하나를 선택하는 것이다.

译文　有的短文罗列了多个信息。例如, 几个地点, 几个人物, 几样商品, 几种状况, 然后提出"现在在何处, 谁在干什么, 哪个商品他没有购买, 哪种状况适合他"等问题并从中选择一个。

1) 장소에 관한 질문

지금까지 10회에 걸쳐 출제된 장소 고르기 문제에는 공항, 주차장, 정육점, 꽃가게, 우체국, 과일가게, 식당, 호텔, 스케이트장, 세탁소, 주유소, 은행 등 여러 분야의 장소가 기출 되었다. 이외에도 우리가 생활하는데 많은 장소들이 있는데 예를 들면 경찰서, 지하철, 병원, 관광지, 여행사 등등 헤아릴 수 없이 많다. 장소를 묻는 질문은 그림을 제시하기도 하고 지문을 제시하는 형식으로 출제되었고 대화와 독백으로 들려주기도 하였다. 모든 사물이 시공간을 떠나서 생존할 수 없듯이 우리들의 행동은 모두 공간을 떠나서 이루어질 수 없다. 그러므로 우리들의 일상 생활에서 행동이 이루어질 가능성이 있는 모든 장소 이름들을 알아두어야 한다. 또 어떤 장소에서 어떤 행동이 이루어진다는 것을 염두에 둔다면 쉽게 이런 문제를 풀 수 있다.

 询问地点的提问

　　到前10回韩语能力考试涉及到选择地点的提问中所提到的场所有机场, 停车场, 肉店, 花店, 邮局, 水果店, 食堂, 宾馆, 滑雪场, 洗衣店, 加油站, 银行等各个领域的地点。除此之外与我们生活息息相关的场所很多, 如警察局, 地铁, 医院, 旅游胜地, 旅行社等举不胜举。询问场所的提问或用图画或用提示问题的方式出题, 有的还用对话或独白的方式。所有事物离不开时空, 我们的所有行为都离不开空间, 所以我们在日常生活中有必要记住那些我们行为可能发生的场所名称。还有, 如果留意什么在场所能完成哪些行为则更容易解答这些问题。

[예1] 다음 두 사람이 대화를 하고 있는 장소를 고르십시오. (选择对话进行的场所。)

 듣기대본 (听力本文)

> 가: 오후 네 시에 서울에 가려고 하는데 자리가 있나요?
> 나: 무슨 차편으로 가시겠습니까?
> 가: 새마을호로 해주세요.
> 나: 새마을호는 자리가 없습니다. KTX는 자리가 있습니다.
>
> ① 공항　　　　　② 부두
> ③ 기차 역　　　　④ 지하철역

☑ 핵심표현

□□ 자리	位子	□□ 차편	车次
□□ 새마을호	新村号	□□□ 기차역	火车站

∞ 포인트 : 무슨 차편

설명

　지문에서 보면 공항, 부두 기차역, 지하철역 네 개가 나오는데 이 지문들의 뜻은 알고 있어야 한다. 공항은 비행기를 타는 곳이고, 부두는 배를 타는 곳이고 기차는 기차를 타는 곳이고 지하철역은 당연히 지하철을 타는 곳이다. 대화에서 "무슨 차편으로 가시겠습니까?" 했으므로 비행기를 타는 공항이나 배를 타는 부두는 아니다. 따라서 ①과 ②, 그리고 ④는 정답이 아니다. 그리고 한국의 교통수단에 보면 기차에는 무궁화, 새마을호, KTX 등이 있다는 것도 알아두면 쉽게 답을 찾을 수 있다.

　(说明)　提问中有机场, 码头, 车站, 地铁站四个地方, 我们应该了解这些概念。机场是乘飞机的地方, 码头是坐船的地方, 车站是坐火车的地方, 地铁站是坐地铁的地方。对话中有"무슨 차편으로 가시겠습니까?", 所以不是乘飞机的机场, 或者坐船的码头, 因而①, ②, 还有④不是正确答案。如果已了解韩国的火车有木槿花号, 新村号, KTX号等, 找答案就更容易了。

[예2] 다음 두 사람이 대화를 하고 있는 장소를 고르십시오. (听对话，判断对话的场所。)

듣기대본 (听力本文)

> 가: 이 옷 좀 수선해주세요.
> 나: 어떻게 수선해드릴까요?
> 가: 바지가 너무 길어서요. 얼마에요?
> 나: 2만원이에요. 내일 찾으러 오세요.
>
> ① 문구점　　　　　② 세탁소
> ③ 양복점　　　　　④ 백화점

핵심표현

□□ 수선하다	修理，翻新	□□ 어떻게	怎样
□□ 길다	长	□□ 찾다	取，找
□□ 문구점	文具店	□□ 세탁소	洗衣房，干洗店
□□ 양복점	服装店		

포인트　옷 수선하다

설명

이 대화에서 문구점이나 세탁소가 아니라는 것은 쉽게 알 수 있으나 "바지", "2만원" 등 단어를 사용하였으므로 대화가 이루어지는 장소를 백화점으로 오해할 수 있다. 그러나 잘 들어보면 "내일 찾으러 오세요."라는 말이 가장 중요한 포인트이다. 이 말은 백화점에서는 있을 수 없는 대화이다. 그러므로 수선이라는 단어를 몰라도 제거법으로 답을 찾을 수 있다. 정답은 ③이다.

(说明) 在这个对话中很容易判断场所不是文具店或者洗衣店。"바지"，"2만원" 的话语容易误解为在百货店里的对话。但是"내일 찾으러 오세요" 是很重要的要点。在百货店是不会有这样的对话的。所以即使不知道"수선"这个单词，也能以排除法找到正确答案。正确答案是③。

(1) 다음 두 사람이 대화를 하고 있는 장소를 고르십시오. (选择对话进行的场所。)

듣기대본 (听力本义)

가: 미선 씨, 동전 있어요?
나: 여기 백 원짜리 2개 있어요. 뭘 하시려고요?
가: 전화카드가 없어서 동전으로 하려고요.
나: 쓰세요. 2백 원이면 3분은 통화 할 수 있어요.

① 사진관　　　　② 찻집
③ 정육점　　　　④ 공중전화 박스

핵심표현

　　 동전　　　　　铜币　　　　　 전화카드　　电话卡
　　 찻집　　　　　茶馆　　　　　 정육점　　　肉店
　　 공중전화 박스　公用电话亭

포인트　공중전화 박스

Memo

(2) 다음 두 사람이 대화를 하고 있는 장소를 고르십시오. (选择对话进行的场所。)

듣기대본 (听力本文)

남자: 아니 웬일이에요?

여자: 다리가 심하게 부러져서요. 의사가 여기에 며칠 계속 입원하래요.

남자: 어떻게 하다가 그렇게 되었어요?

여자: 집 옆에 있는 공원에서 자전거를 타다가 주차장에서 넘어졌어요.

① 공원　　　　② 병원

③ 주차장　　　④ 집

핵심표현

심하다	严重		부러지다	折断
자전거	自行车		타다	骑
주차장	停车场		넘어지다	摔倒

포인트 입원하다

Memo

시간에 관한 문제의 질문 방식은 흔히 "언제, 몇 시, 무슨 요일에, 어느 날에, 얼마 동안" 등으로 나타난다. 상황에 따라서는 주어진 상황으로 추리하고 판단도 해야 한다.

译文 关于时间的提问

关于时间的提问方式往往用 "언제, 몇 시, 무슨 요일에, 어느 날에, 얼마 동안" 等词语。有时需要根据已知情况进行推理和判断。

[예1] 다음을 듣고 질문에 답하십시오. (听短文，回答问题。)

🎧 **듣기대본** (听力本文)

> 가: 미정 씨, 한국에 언제 오셨어요?
> 나: 벌써 9월이니 2년이 넘어요.
> 가: 언제 귀국하세요?
> 나: 올해 10월에 들어가요.
>
> 질문 : 미정 씨는 언제 한국에 오셨습니까?

☑ **핵심표현**

☐☐ 넘다　　　超过　　　　　　☐☐ 귀국하다　　回国
☐☐ 들어가다　　进去(回国)

👁 **포인트**　2년이 넘어요.

설명

　이 문제의 답을 알려면 대화에서 "2년이 넘었다"는 사실에 기대어 간단한 계산을 하면 된다. 올해 2007년이라는 기준시간을 제시했고 또 9월이면 2년이 넘는다고 했으니 2007에서 2년을 빼면 답이 된다. 즉 미정 씨는 2005년 9월 이전에 한국에 왔다.

说明　要知道这个提问的正确答案应根据 "2년이 넘었다" 的事实加以简单的推算。今年是2007年, 是已知的时间, 说是到9月份就两年多了, 那么2007减去2就是答案了, 即美婷是在2005年9月份以前来韩国的。

[예2] 다음을 듣고 질문에 답하십시오. (听对话, 回答问题。)

🎧 **듣기대본** (听力本文)

> 가: 다음주에 우리 반에서 MT를 간대요.
> 나: 다음주 언제요?
> 가: 주말에 가서 2박3일로 일요일에 돌아온다고 합니다.
> 나: 설악산에 간다니 시간은 넉넉하겠네요.
>
> 질문 : 무슨 요일에 MT를 갑니까?
>
> ① 토요일　　② 금요일　　③ 목요일　　④ 수요일

☑ **핵심표현**

☐	주말	周末	☐	2박3일	三天两夜
☐	설악산	雪岳山	☐	넉넉하다	足够

👁 **포인트**　주말, 2박3일

해설

　이 문제의 포인트는 "주말"과 "2박3일", 그리고 "일요일"이다. 이 숫자를 잘 이해한다면 답이 금요일이라는 것을 쉽게 알 수 있다. 문제는 "2박3일"의 뜻을 제대로 이해할 수 있느냐가 문제다. 2박은 두 밤을 잔다는 뜻으로 금요일, 토요일 두 밤을 자고 일요일에 돌아온다고 이해하면 된다.

说明　这个问题的要点是 "주말" 和 "2박3일", 还有 "일요일"。如果了解这些词语很容易猜出答案是星期五。问题是能否理解 "2박3일" 的意思。"2박"是指睡两夜, 即周五, 周六睡两宿, 周日回来的意思。

(1) 다음을 듣고 질문에 답하십시오. (听对话，回答问题。)

🎧 듣기대본 (听力本文)

> 남: 저녁에 시간 있어요?
> 여: 저녁에 한 시간 수업이 있어요. 8시에야 끝나는데요.
> 남: 그럼 도서관에서 8시까지 기다릴게요.
> 여: 미안해서 어떡해요?
>
> 질문 : 여자는 몇 시부터 수업이 있습니까?

☑ 핵심표현

□□ 끝나다	结束		□□ 기다리다	等待
□□ 어떡해요	怎么办			

☞ 포인트　끝나다

Memo

(2) 다음을 듣고 물음에 답하십시오. (听对话，回答问题。)

🎧 듣기대본 (听力本文)

> 헬스클럽에서는 월요일과 수요일 오전 9시부터 12시까지, 화요일과 목요
> 일 오후 2시부터 5시까지 문을 열고 수영장은 월요일, 수요일, 금요일 오전
> 6시부터 12시까지, 오후 4시부터 시까지 문을 엽니다.

질문 : 어느 시간에 헬스클럽과 수영장이 같이 문을 엽니까?

① 월요일 수요일 금요일 오전
② 월요일 수요일 오전
③ 화요일 목요일 오전
④ 화요일 목요일 오후

☑ 핵심표현

    □□ 헬스클럽　　健身俱乐部　　　　□□ 수영장　　游泳池

    □□□ 문을 열다　　开门(营业)

👁 포인트　　오전, 오후

Memo

이런 문제의 질문내용은 보통 "모두 얼마, 몇 살, 몇 퍼센트인가?" 등으로 나타난다. 이런 유형의 문제에는 항상 몇 개의 숫자가 나와 있기 때문에 수험생은 질문 요구에 따라 판단하거나 계산해야 한다. 더하기, 빼기, 곱하기, 나누기 등 간단한 계산이 필요한 경우도 있다.

译文　关于数量的提问

这类问题的提问常常用"모두 얼마, 몇 살, 몇 퍼센트인가?"等词语。这类提问往往同时出现几个数字，所以同学们要根据提问的要求进行判断或计算。有时需要进行简单的加减乘除计算。

[예1] 다음을 듣고 질문에 답하십시오. (听对话, 回答问题。)

듣기대본 (听力本文)

남: 컴퓨터 어디에서 샀어요?
여: 백화상점에서 샀어요.
남: 전자상가에서는 6000원이면 살 수 있어요.
여: 그럼 전자상가보다 여기가 10%는 더 비싸네요.

질문 : 여자는 얼마를 주고 컴퓨터를 샀습니까?

① 7000원　　② 5000원　　③ 4000원　　④ 8000원

☑ 핵심표현

　□□ 전자상가　　电子产品商店　　　□□ 그럼　　那么
　□□ 퍼센트　　百分比

☞ 포인트　－보다, 더 비싸다

이 문제의 핵심포인트는 비교를 나타내는 조사 "보다"이다. 전자상가보다 10% 더 비싸다고 했으므로 6천에 10%를 더해주면 된다.

说明　这个问题的要点是表示比较意义的助词 "보다"。比电子商店贵10%, 即加上 6000的10%就可以了。

[예2] 다음을 듣고 질문에 답하십시오. (听对话, 回答问题。)

> 8월 한 달에 우리 문구점의 판매량은 7만5천원에 달했습니다. 그 중에서
> 한국의 문구가 5분의 3을 점했습니다. 한국의 문구 판매량은 얼마입니까?
>
> ① 45000원　　② 48000원　　③ 51000원　　④ 52000원

핵심표현

☐☐ 판매량　销售量　　　　☐☐ 달하다　到达
☐☐ 점하다　占

 **포인트**　5분의 3

이 문제는 총 판매량 7만5천원의 5분의 3을 계산하는 문제이다. 만약 5분의 3이라는 핵심단어만 안다면 문제는 쉽게 답을 찾을 수 있을 것이다.

说明　回答这个提问需要计算总销售量75000的五分之三。如果知道"五分之三"这个核心单词就容易找到答案。

(1) 다음을 듣고 물음에 답하십시오. (听对话, 回答问题。)

🎧 듣기대본 (听力本文)

여: 요즘 전자 상품들이 값이 많이 내렸어요.
남: 그럼 우리도 텔레비전을 새것으로 바꿔요.
여: 오빠네 새로 산 것이 우리 것과 같은 브랜드인데 30%나 싸게 샀대요?
남: 그럼 2800원에 샀단 말이에요?

질문 : 지금 집에 있는 텔레비전은 얼마에요?

① 4000원　　② 3800원　　③ 3500원　　④ 4200원

☑ 핵심표현

☐☐ 내리다　下降　　　　☐☐ 새것　新的
☐☐ 바꾸다　换　　　　　☐☐ 브랜드　商标, 品牌

⌘ 포인트　30% 싸게 사다.

Memo

(2) 다음을 듣고 물음에 답하십시오. (听对话, 回答问题。)

듣기대본 (听力本文)

> 여: 오빠, 이 핸드백 어때? 예쁘지?
>
> 남: 비싸 보이는데, 얼마야?
>
> 여: 175원이에요.
>
> 남: 뭐? 175원? 그렇게 비싸?
>
> 여: 뭐가 비싸요? 이 가격은 7%할인한 후의 절반 가격인데 뭐.

질문 : 이 핸드백의 원래 가격은 얼마에요?

① 5만원　　② 5만6천원　　③ 4만8천원　　④ 4만5천원

핵심표현

☐☐ 핸드백　　**手提包**　　　　☐☐ 그렇게　　那样

☐☐ 할인　　　削价　　　　　　☐☐ 절반　　　一半

포인트　7%할인, 절반가격

Memo

인물에 관한 질문은 일반적으로 대화 속의 인물들이 "무엇을 하고 있는가, 그들은 무슨 관계인가, 그들은 무슨 직업인가?" 등과 같은 질문을 많이 한다.

译文　关于人物的提问

关于人物的提问一般多用 "做什么? 他们是什么关系? 他们的职业是什么?" 等。

[예1] 다음의 대화를 듣고 남자의 직업이 무엇인지 고르십시오.

(听对话，选择男子的职业。)

듣기대본（听力本文）

> 여: 이 사과는 어떻게 팔아요?
> 남: 4개에 5천원입니다. 아주 달아요.
> 여: 그렇게 비싸요? 좀 싼 건 없나요?
> 남: 이건 4개에 3천원입니다.
>
> ① 과일가게 주인　　② 슈퍼마켓 주인
> ③ 백화상점 종업원　　④ 손님

핵심표현

□□ 달다	甜	□□ 주인	主人
□□ 종업원	营业员	□□ 손님	客人

포인트 : 사과, 아주 달아요

이 문제의 답은 ①이다. 대화는 과일가게에서 여 손님과 과일가게 주인이 사과 값을 흥정하는 대화 내용이다. 이런 질문의 답은 바로 어기나 상황에 관련된 단어에 내포되어 있으므로, 말하는 사람의 어조와 주어진 상황을 자세히 들으면 인물의 직업, 인물간의 관계, 인물의 감정과 담화장소까지도 판단할 수 있다.

说明 这个问题的正确答案是①。对话的内容是在水果店女顾客和店老板就苹果价格讨价还价。这种提问的答案往往取决于语气，相关单词，所以如果仔细听说话人的语气和已知状况，就能够判断人物的职业，人物间的关系，人物的感情和谈话场所。

[예2] 다음 두 사람이 대화를 듣고 두 사람은 어떤 관계인지 고르십시오.

(听下面两人的对话, 确定两人的关系。)

듣기대본 (听力本文)

> 가: 얼마를 찾으시렵니까?
>
> 나: 50만원을 주세요.
>
> 가: 손님, 수표로 드릴까요, 현찰로 드릴까요?
>
> 나: 30만원은 수표로 주세요.
>
> ① 영화관 직원과 손님　　　② 주유소 종업원과 차주인
>
> ③ 은행 직원과 손님　　　　④ 음식점 종업원과 손님

핵심표현

수표	支票	현찰	现金
영화관 직원	电影院职员	주유소	加油站
은행	银行	음식점	饭店

포인트　얼마를 찾으시렵니까?

설명

　　이 대화는 은행에서 손님과 은행 직원과의 대화 내용이다. 대화에서 여자는 은행직원으로서 돈 찾으러 온 손님과 대화를 한다. 주유소는 차에 기름을 넣는 곳이고, 음식점은 식사를 하는 곳이고, 영화관은 영화를 보는 것이므로 ①과 ②, 그리고 ④는 정답이 아니다. 대화에 "수표"라는 단어를 사용해서 영화관 직원으로 오답을 선택할 수 있는데 대화에서 "현찰"이라는 말을 썼으므로 영화관이 아닌 것을 알 수 있다. 정답은 ③이다.

说明　　这段对话是在银行客户和银行职员的对话。对话中女子是银行职员, 正和来提款的客户谈话。加油站是加油的地方, 饭店是就餐的地方, 电影院是看电影的地方, 所以①, ②, ④不是正确答案。对话中有 "수표" 单词, 因而容易把女职员误视为电影院职员, 但是对话中的 "현찰" 一词可以断定不是电影院。正确答案是③。

(1) 다음 두 사람이 대화를 듣고 여자의 직업이 무엇인지 고르십시오.
(听对话，选择女子的职业。)

🎧 듣기대본 (听力本文)

> 여: 손님, 어떻게 오셨어요?
> 남: 셋집을 구하려고요.
> 여: 월세로 하시겠어요? 전세로 하시겠어요?
> 남: 전세방을 원해요.

① 호텔 직원　　　　② 복덕방 주인
③ 여행사 직원　　　④ 슈퍼마켓 종업원

☑ 핵심표현

　□□　셋집　　租房　　　　□□　월세　　月租
　□□　전세　　年租　　　　□□　복덕방　房产中介

☞ 포인트　셋집, 전셋방

Memo

(2) 다음 두 사람이 대화를 듣고 남자의 직업이 무엇인지 고르십시오.

(听对话, 选择男子的职业。)

🎧 **듣기대본** (听力本文)

> 남: 아가씨, 어떻게 해드릴까요?
>
> 여: 짧게 잘라 주세요.
>
> 남: 염색도 하시겠어요?
>
> 여: 네, 먼저 염색하고 잘라 주세요.
>
> ① 미용사　　　② 정육점 직원
>
> ③ 분장사　　　④ 과일가게 주인

☑ **핵심표현**

□□ 짧게　短的	□□ 염색　染
□□ 자르다　剪	□□ 분장사　化妆师
□□ 미용사　美容师	

👁 **포인트**　염색, 자르다

Memo

기능적인 질문
（关于功能性问题的提问）

이런 문제는 인물의 행동이나 활동을 서술하고 나서 인물의 활동 동기, 목적, 태도, 원인과 방식에 대해 질문을 한다. 예를 들면 "그가 이렇게 하는 목적은 무엇인가, 왜 이렇게 하는가, 그는 어떻게 했는가?" 등이 바로 그런 것이다.

译文 动机和目的

这些提问先叙述人物的行动和活动, 然后询问人物的活动, 动机, 目的, 态度, 原因和方式。例如, "他们这么做的目的是什么?(그가 이렇게 하는 목적은 무엇인가?), 为什么这么做?(왜 이렇게 하는가?), 他们怎么做了?(그는 어떻게 했는가?)"等提问。

[예1] 다음 대화를 잘 듣고 물음에 답하십시오. (听下面对话, 回答问题。)

🎧 **듣기대본** (听力本文)

> 남자: 여보세요, 미선 씨 안녕하세요?
> 여자: 무슨 일이세요? 전화를 다 하시고.
> 남자: 인터넷에서 사람들과 이야기하고 싶은데 어떻게 하면 돼요?
> 여자: 그럼 카페에 가입해야 해요.
> 남자: 어떻게 하면 가입할 수 있어요? 외국인도 되나요?
> 여자: 당연하죠. 먼저 카페를 만든 사람이 초대를 해야 해요.
>   제가 그 사람을 소개시켜 드릴게요.

1) 남자가 전화한 이유를 쓰십시오.

    (   )

2) 들은 내용과 일치하는 것을 고르십시오.

   ① 외국인은 가입할 수 없다.
   ② 미선 씨가 카페를 만들었다.
   ③ 카페를 만든 사람이 초대해야 한다.
   ④ 남자가 미선 씨에게 카페를 나든 사람을 소개시켜 주었다.

☑ **핵심표현**

□ 인터넷 因特网		□ 가입하다 加入
□ 당연하다 当然		

👁 **포인트** 무슨 일, -고 싶다

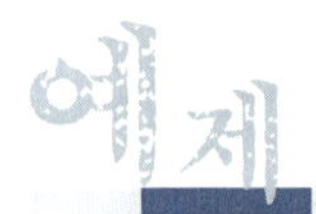

이 문제의 첫 번째 답은 "인터넷에서 사람들과 이야기 하기 위해"이고, 두 번째 답은 ③이다. 이런 문제는 답이 문제 중에 이미 나와 있으므로, 수험생은 문제를 자세히 들으면 이해할 수 있다.

说明　这道题的第一个答案是 "인터넷에서 사람들과 이야기 하기 위해", 第二个答案是③。这道题的答案已经出现在提问中, 同学们如果仔细听题就能理解。

[예2]　다음을 듣고 물음에 답하십시오. (听对话, 回答问题。)

듣기대본 (听力本文)

남자: 옷 사러 가야 하는데 같이 가 주시겠어요?
여자: 인터넷 쇼핑몰에서 주문하시면 돼요.
남자: 좋은 생각이에요. 그런데 쇼핑몰에서도 고를 수 있어요?
여자: 그럼요. 사진이 나오니까 보고 색상, 가격, 사이즈 등을 모두 비교할
　　　수 있어요.
남자: 그럼 돈은 어떻게 내요?
여자: 카드로 하거나 은행에서 내면 돼요.

질문1: 여자가 가르쳐준 방법은 어떤 것입니까?
　　　(　　　　　　　　　　　　　)

질문2: 돈은 어떻게 지불합니까?
　　　(　　　　　　　　　　　　　)

☑ **핵심표현**

☐☐ 쇼핑몰	购物广场		☐☐ 고르다	挑选
☐☐ 색상	颜色		☐☐ 가격	价格
☐☐ 사이즈	尺寸		☐☐ 지불하다	支付

☞ **포인트**　어떻게

이 문제의 첫 번째 답은 인터넷 쇼핑이고 두 번째 답은 "카드나 은행에서 낸다"이다. 비교적 쉽기 때문에 주관식으로 처리해도 수험생들이 쉽게 이해할 수 있는 문제이다.

(说明)　这道题的第一个答案是网上购货, 第二个答案是 "카드나 은행에서 낸다"。此题易为理解, 所以即使做主观处理同学们也能完成。

(1) 다음을 듣고 질문에 답하십시오. (听对话，回答问题。)

듣기대본 (听力本文)

교환원: 안녕하십니까? 무엇을 도와드릴까요?

남　자: 택배회사 전화 번호 좀 알 수 있을까요?

교환원: 어느 지역택배회사를 찾습니까?

남　자: 부산 남구 우암동에 있는 택배회사를 찾습니다.

교환원: 잠시만 기다려주십시오.

자동음답기: 문의하신 전화번호는 육천사백이십국에 육천사백사십오번

　　　　　입니다.

　　　　　직접연결을 원하시면 1번을 누르십시오. 감사합니다.

질문1 : 남자는 뭘 알고 싶어 합니까?

　　　　(　　　　　　　　　　　　　)

질문2 : 찾는 번호를 연결하려면 몇 번을 눌러야 합니까?

　　　　(　　　　　　　　　　　　　)

핵심표현

□□ 택배회사	特快专递公司		□□ 문의하다	咨询
□□ 직접	直接		□□ 연결하다	联系, 转接
□□ 누르다	按			

포인트　택배회사, 직접연결

(2) 다음을 듣고 질문에 답하십시오. (听对话, 回答问题。)

남자: 오늘은 대보름날이라서 한국에서는 보통 오곡밥을 먹어요.
여자: 그랬군요. 하숙집 아주머니께서 아침에 오곡밥을 해 주셨어요.
남자: 오늘 저녁에는 우리 달 보러 가요.
여자: 달은 왜요?
남자: 달을 보면서 소원을 빌면 이루어진대요.

질문1 : 두 사람은 저녁에 무엇을 하려고 합니까?
　　　(　　　　　　　　　　　　　　　　)
질문2 : 대보름날에 먹는 음식은 무엇입니까?
　　　(　　　　　　　　　　　　　　　　)

☑ 핵심표현

□□ 대보름	正月十五	□□ 오곡밥	八宝饭
□□ 하숙집	寄宿	□□ 소원	夙愿
□□ 빌다	祈求	□□ 이루어지다	实现

포인트　소원을 빌다

평가에서는 이야기 내용의 핵심 사항과 핵심사항이 아닌 것을 구별한다.

그리고 일관성이나 논리성을 파악하며 듣는다. 즉 앞 말과 뒷말이 서로 맞는지, 주장과 근거가 논리적인지, 그 근거가 타당성이 있는지, 시작부터 끝까지 이야기의 전개가 한 줄기를 이루고 있는지를 판단한다.

이런 문제의 질문 방식은 "말하는 사람은 어떻게 생각하는가, 그 사람의 관점은 무엇인가, 말하는 사람의 뜻은 무엇인가?"등이다.

译文 评价

评价题型是区别文章内容的核心部分和非核心部分。

听的时候注意把握一贯性和逻辑性，即判断前后是否相符，主张和根据是否符合逻辑，其根据是否妥当，故事从头到尾的展开是否形成一条主线。

对这些问题的提问方式一般有"说话人是怎么想的?(말하는 사람은 어떻게 생각하는가?), 他的观点是什么?(그 사람의 관점은 무엇인가?), 说话人的意思是什么? (말하는 사람의 뜻은 무엇인가?)" 等。

[예1] 다음을 듣고 질문에 답하십시오. (听对话，回答问题。)

듣기대본 (听力本文)

> 여자: 어제 저녁 아르바이트 하느라 축구경기 못 봤어요.
> 남자: 안 보기 잘했어요.
> 여자: 왜요? 어제저녁 축구시합 어떻게 되었어요? 한국팀 이겼지요?
> 남자: 말도 마세요.
>
> ---
>
> 질문: 남자의 말뜻은 무엇입니까?
>
> ① 한국팀이 이겼다.
> ② 한국팀이 너무 잘 찼다.
> ③ 한국팀이 졌다.
> ④ 한국팀이 진 것을 말하지 마.

핵심표현

☐☐ 아르바이트	打工	☐☐ 축구경기	足球比赛
☐☐ 말도 말다	別提了	☐☐ 지다	输
☐☐ 이기다	赢		

포인트 말도 마세요.

설명

이 대화에서 남자의 말뜻은 "말도 마세요"에 함축되어 있다. 한국어에서 "말도 마세요"는 부정적으로 쓰이므로 이 대화에서 화자는 한국팀이 진 사실을 "말하기도 싫다"는 식으로 표현했다. 그러므로 답은 당연히 ③이다. "말도 하지마"와 "말하지 마"는 조사 "도"에 의해서 관용적으로 쓰였는지 아니면 기본의미로 쓰였는지가 구별된다. "말하지마"는 관용적인 의미가 아니라 기본 의미로 쓰였으므로 한국팀이 졌다는 사실에 대한 평가로 될 수 없다.

说明 在这个对话里男人的意思都包含在 "말도 마세요" 里面。在韩国语 "말도 마세요" 用于否定意义，所以在这里说话者对韩国队输的事实表现为 "말하기도 싫다"，正确答案当然是③。在 "말도 하지마" 和 "말하지 마" 中助词 "도" 是区别惯用型 或基本意义的关键。"말 하지마" 不是惯用型意义，是基本意义，所以不能表示韩国队 输的事实。

[예2] 다음을 듣고 질문에 답하십시오. (听对话，回答问题。)

듣기대본 （听力本文）

남자: 냉장고에 대한 시장 조사에 의하면 금성냉장고만큼 소비자들의 환영 받는 회사도 없답니다. 올해도 매출액이 제일 높다고 합니다.

질문: 이 남자의 말뜻은?

① 금성냉장고가 제일 좋다.
② 금성냉장고가 제일 나쁘다
③ 냉장고에 대해 조사를 했다.
④ 소비자들의 환영을 받는 회사는 없다.

✓ 핵심표현

냉장고	冰箱		시장조사	市场调查
소비자	消费者		매출액	销售额

섬여

　이 문제는 "올해의 매출액이 제일 높다"는 말로써 이미 힌트는 준 셈이다. 만약 이 말이 없다면 듣기의 내용에서 핵심으로 되는 것은 "만큼" 그리고 "없답니다"이다. 이 문형은 비교를 나타내는 문장에 쓰여 "그 보다 더 …것은 없다"는 뜻으로 "제일"의 뜻을 표현한다. 듣기 지문에서 "금성냉장고 만큼"을 말하고 난 뒤에 "환영 받는 회사도 없다"고 한 것은 제일 환영 받는다는 뜻으로써 금성냉장고가 제일 좋다는 의미이다. 따라서 정답은 ①이다. 듣기에서 핵심단어인 "만큼"을 소홀히 한다면 오답 "소비자들의 환영 받는 회사는 없다"를 찍게 된다. 중국어에서 "没有像… 那样…"의 문형과 비슷하므로 함께 대조해서 공부해두면 쉽게 이해할 수 있다.

　说明　这道题中 "올해의 매출액이 제일 높다" 已经给了暗示。如果没有这话, 所听内容的核心词是 "만큼" 和 "없답니다"。这个句型用在文章中表示"그 보다 더 …것은 없다"的意思, 即"제일"。文中讲的 "금성냉장고 만큼" 和后续的 "환영 받는 회사도 없다" 表示最受欢迎, 金星冰箱最好的意思, 因而正确答案是①。如果疏忽了核心单词 "만큼", 就会容易误选 "소비자들의 환영 받는 회사는 없다"。汉语里有类似的句型 "没有像……那样……", 如果加以对照学习则容易理解。

(1) 다음을 듣고 질문에 답하십시오. (听对话, 回答问题。)

듣기대본 (听力本文)

> 남자: 모르면 모른다고 하고 아는 척 하지 마세요.
> 여자: 제가 아는 척하는 거 아니에요. 대석 씨가 알면서 모르는 척 하는
>   거지요.
>
> 질문: 위에서 두 사람의 대화 내용은 무엇입니까?
>
> ① 남자는 모르면서 아는 척 한다.
> ② 여자는 알면서 모르는 척 한다.
> ③ 사실 여자는 정말 모른다.
> ④ 남자는 여자 앞에서 아는 척 한다.

☑ **핵심표현**

□□ 아는 척하다	裝懂	□□ 모르는 척 하다	裝不懂
□□ 사실	事实		

☞ **포인트**   아는 척 하다

Memo

(2) 다음을 듣고 철학자가 말하는 뜻이 무엇인지 고르십시오.

　　(听对话，选择哲学家所说的意图是什么。)

듣기대본 (听力本文)

> 　　한 철학가는 우정의 특별한 역할에 대해 이렇게 말했다. 만약 당신의 기쁨을 친구에게 말하면 당신의 기쁨은 배로 늘어나고, 만약 슬픔을 친구에게 말하면 슬픔은 반으로 줄어들 것이다.
>
> ① 철학가의 역할
> ② 기쁨의 역할
> ③ 슬픔의 역할
> ④ 친구의 역할

핵심표현

☐☐ 철학가	哲学家		☐☐ 우정	友谊
☐☐ 역할	作用		☐☐ 기쁨	高兴
☐☐ 슬픔	悲哀		☐☐ 늘어나다	增加
☐☐ 줄어들다	减少			

포인트　우정의 역할, 친구의 역할

Memo

문장이나 대화를 듣고 요약하는 문제는 하나의 화제에 대해서 여러 사람이 하는 말이나 문장의 내용을 종합하며 듣는 것이 좋다. 내용을 종합하며 들을 때는 가장 중요한 방법은 화제와 주제를 파악하며 듣는 것이 우선이다. 화제와 주제는 이야기 초점이다. 화제는 일반적으로 문장의 앞에 놓이고, 주제는 문장의 앞, 혹은 마지막에 쓰거나 때로는 문장의 중간에도 쓸 수 있다. 지금까지 10회에 걸친 듣기 시험에서 이 부분은 "들은 내용과 일치한 것을 고르기"와 "일치하지 않은 내용을 고르기", 그리고 "중심내용을 고르기" 등 형식으로 출제되었다.

译文　概括

听文章或对话后对其进行概括的要领在于要综合地听取就某个话题的讨论或文章的叙述。概括内容首先要把握话题和主题，话题和主题是叙述的焦点。话题一般在文章的前部，主题或在文章的前部，或在最后，有时也可在文章的中间。一直到第十回的听力题中此类的出题形式主要有"들은 내용과 일치한 것을 고르기" 和 "일치하지 않은 내용을 고르기", 还有 "중심사상을 고르기" 等。

[예1] 다음 내용을 잘 듣고 중심 생각을 고르십시오. (仔细听短文, 选择中心思想。)

 듣기대본 (听力本文)

> 남에게 거짓말을 하는 것은 좋지 않다. 그러나 자기 자신에 대해 거짓말을 하는 편이 더욱 나쁜 일이다. 이러한 거짓말이 특히 해로운 것은 남에게 거짓말을 하는 경우에는 남이 거짓말을 고쳐 줄 수 있지만, 자기에게 하는 경우에는 아무도 고쳐주는 사람이 없기 때문이다. 그러므로 자기에 거짓말을 하지 말아야 한다.

> ① 자기에게 거짓말을 하지 말아야 한다.
> ② 남에게 거짓말을 하지 말아야 한다.
> ③ 거짓 말을 하면 남이 고쳐줄 수 있다.
> ④ 거짓말은 아주 해롭다.

☑ 핵심표현

| □□ 거짓말 | 谎话 | □□ 고쳐주다 | 给修正 |
| □□ 경우 | 情况 | □□ 해롭다 | 有害 |

∞ 포인트 그러므로

설명

　우리가 말하는 주제는 글을 통해서 글 쓰는 이가 독자에게 전달하고자 하는 중심생각을 말한다. 예를 들면 취미생활이 우리 생활에 미치는 영향에 대하여 글을 쓰겠다고 하면 그것이 바로 글의 주제가 되는 것이다. 주제를 더욱 구체적으로 진술할 필요가 있는데 이런 완전한 문장으로 된 것을 주제문이라고 한다. 주제문은 주어와 서술어를 갖춘 완결한 하나의 문장으로서 의견이나 태도가 명확해야 한다. 그러므로 "ㅡ인 것 같다, ㅡ라고 생각한다" 등등 추정이거나 의문의 형태 그리고 비유적 표현을 쓰지 않는다.

　그리고 두 가지 이상의 내용을 담아서도 안 되고 누구나 알고 있는 상식적인 것,

막연한 것은 피해야 한다.

위의 문장의 중심내용은 문장의 끝에 "그러므로"에 의해 표현되었다. 즉 "그러므로 자기에게 거짓말을 하지 말아야 한다."이다. 따라서 이 문제의 답은 ①이다. 이런 문제는 어느 한 소절이거나 모르는 단어에 집착하지 말고 들려준 이야기를 요약하고, 제일 중요한 단어를 추려 내서 네 개 중에서 적합한 답을 골라야 한다.

说明　我们所说的主题是指作者通过文章要传达给读者的中心思想。例如要写个人爱好对我们生活的影响，那么这个就是文章的主题。主题需要进一步进行阐述，经阐述的完整的文章就叫主题文。主题文具备主语，谓语才是一个完整的文章，所表达的意见和态度一定要明确，所以不能使用类似 "－인 것 같다, －라고 생각한다" 等的推测形，疑问形，比喻形式。在此类文章中还要避免同时含有两个以上意义的内容，众所周知的内容，懵然不明的内容。

上面文章的中心思想在文章的最后，即"자기에게 거짓말을 하지 말아야 한다." 因而正确答案是①。回答这类问题不要拘泥于某一小节，某个生词，要在全文中抓住要点，提出重要单词，再从4个选项中选择正确答案。

[예2] 다음 내용을 잘 듣고 내용을 요약한 글을 고르십시오.

(听短文, 选择正确地概括短文内容的选项。)

듣기대본 (听力本文)

어제부터 지금까지 강원도, 경기도, 서울 지역을 중심으로 전국적으로 큰비가 내리고 있습니다. 장마전선 남하 하면서 기상청은 호우특보 지역이 확대 될 전망이라고 합니다.

① 내일은 비가 안 온다.
② 서울지역에 큰비가 왔다.
③ 호우 특보지역이 확대될 것이다.
④ 지역에 따라 비가 오지 않은 곳도 있다.

☑ **핵심표현**

☐☐ 장마전선	降雨云层	☐☐ 남하	南下
☐☐ 호우특보	大雨警报	☐☐ 확대	扩大
☐☐ 전망	展望, 预计		

∞ **포인트**   전망, –ㄹ 것이다

설명

　　요약이란 주어진 글로부터 중요한 내용을 추출하고 추출한 내용을 독자 개인의 간결한 문장으로 변환하는 과정이다. 위의 내용은 일기예보이다. 먼저 위의 내용을 들어보면 내일에 대한 이야기가 없으므로 ①의 내용이 다르다. "서울지역을 중심으로 큰비가 내리고 있다"와 ②의 내용도 다르다. "호우 특보 지역이 확대될 전망"은 ③과 내용이 일치한다. "전국적으로 비가 내린다"와 ④의 내용이 다르다. 따라서 정답은 ③이다. 이런 문제는 하나하나의 단어에 집착하지 말고 모르는 단어는 건너 뛰고 핵심을 잡는 훈련이 필요하다. 초급에서는 "전선, 남하하다" 등 단어들은 모를 수 있으나 이문장의 핵심을 이해하는데 지장이 없기 때문에 과감히 이 단어들을 뛰어넘어 생각할 수 있다.

　　[说明]　所谓概括就是从已知的文章中提炼出重要的内容并把所提炼的内容变为读者自己的简洁文章的过程。短文中没有涉及到明天的内容, 所以①显然不是答案, 同时与"서울지역을 중심으로 큰비가 내리고 있다"与②的内容也不相符, 与③的"호우 특보 지역이 확대될 전망" 内容相符, 与④"전국적으로 비가 내린다"的内容也不相符。因而正确答案是③。答这类问题, 不要纠缠于某一个生词, 要提高抓住核心的能力。初级阶段也许不理解 "전선, 남하하다" 等单词, 但是这并不影响理解文章的核心意义, 所以要敢于越过这些生词。

(1) 다음을 듣고 들은 내용과 다른 것을 고르십시오. (选择与短文内容不同的选项。)

듣기대본 (听力本文)

젊은이들이 찾는 전통 문화의 거리, 인사동은 살아있는 박물관이다. 이곳에는 옛날 풍습이나 물건 등 오래된 것들이 많다. 신사동에는 수 백 가지의 전통 공예품을 볼 수도 있고 곳곳에 전통 찻집이나 음식점에서 한국의 맛을 느낄 수도 있다.

① 인사동은 살아있는 박물관이다.
② 인사동은 전통공예품을 볼 수 있다.
③ 인사동은 찻집이 많다.
④ 인사동에는 옛날 풍습이나 오래된 물건이 많다.

핵심표현

☐☐	옛날	从前	☐☐	풍습	风习
☐☐	공예품	工艺品	☐☐	곳곳	处处
☐☐	느끼다	感觉			

☞ **포인트** 살아 있는 박물관

(2) 이것은 뉴스내용입니다. 내용과 다른 것을 고르십시오.

(下面是一则新闻，请选择与新闻内容不一致的选项。)

듣기대본（听力本文）

> 축구는 역시 정신력의 경기였습니다. 한국의 정신력이 아트사커를 무너트리며 기적 같은 무승부를 이뤄냈습니다. 박지성, 조재진, 설기현의 멋진 플레이, 역시 대한민국입니다.

① 한국은 프랑스와 경기에서 이겼다.
② 한국의 정신력이 프랑스와 경기에서 무승부라는 기적을 이뤄냈다.
③ 한국은 프랑스와의 경기에서 비겼다.
④ 축구는 정신력의 경기입니다.

☑ 핵심표현

정신력	精神力	역시	还是
무너트리다	使倒塌	기적	奇迹
무승부	不分胜负	비기다	打成平局

⊙ 포인트　무승부, 비기다

논리적인 질문
（关于逻辑性问题的提问）

　　논리적인 문제에 관한 질문은 들려준 이야기 속에 원인, 가정, 조건, 대립 등 논리적인 관계가 포함되는 문제를 뜻한다. 수험생은 논리적인 관계의 내재적인 의미를 이해한 기초에서 주어진 질문에 답하여야 한다. 흔히 볼 수 있는 질문 방식은 의문부사를 많이 쓴다. 그리고 대화를 듣고 이어질 수 있는 말을 고르는 형식으로도 출제된다. 수험생은 이런 문장을 듣고 문장 속의 접속어미, 그리고 접속부사 등을 통해서 문장의 뜻을 잘 이해해야 한다. 예를 들면 문장 중에 "－아서. －더니, －느라고, －길래, －바람에, －탓에, －기에" 등 어미가 있으면 원인을 나타내고, "설사, 비록, 가령, 아무리" 등 부사나 "－아도, －더라도" 등 어미가 있으면 양보를 나타내고, "－면, －으면" 어미가 있으면 조건을 나타내며 "－나, －지만, －는데"가 나타나면 대립을 나타낸다는 것을 잘 알아야 한다. 어떤 경우는 접속어가 없이 논리적인 관계를 나타낼 수 있으니 이럴 때는 문장 전체의 의미, 어조, 네 개 선택항목의 내용, 그리고 질문의 핵심을 통해서 추정하거나 판단해야 한다.

　　译文　对逻辑性问题的提问通常在所叙述的内容里包含着原因，假设，条件，对立等各种逻辑关系。应试生应在理解其逻辑关系的内在含义的基础上回答提问。这类题提问方式多用疑问副词，有时以听完对话选择可连接对话的方式出题。应试生在听完这类文章之后通过文中的接续词尾，接续副词等要充分理解文章所要表达的意义。例如，文章中要是有 "－아서. －더니, －느라고, －길래, －바람에, －탓에, －기에" 等词尾，就表示原因；如果有 "설사, 비록, 가령, 아무리" 等副词或 "－아도, －더라도" 等词尾则表示让步；如果有 "－면, －으면" 어미가 있으면 조건을 나타내며 词尾表示条件；如果有"－나, －지만, －는데" 则表示对立关系。有时即使没有接续词也可以表达逻辑性关系，这时候要根据文章的整体意义，语调，4个选择项目的内容，提问的核心来推理和判断。

원인 관계를 묻는 질문에는 일반적으로 원인 어미들이나 원인관계를 나타내는 관용문형들을 쓰므로 이 어미들과 문형들을 잘 익혀두어야 한다. 원인어미와 관용문형에는 "−아서, −니까, −더니, −기에, −는 바람에, −기 때문에, −는 탓에, −느라고, −(으)로 인하여, −(으)로 말미암아" 등이 있다. 초급에서는 "−아서"와 "−니까", "−느라고" "−더니" 그리고 "−기 때문에", "−(으)로 인하여", "−는 바람에" 정도만 기억하면 된다. 10회의 기출문제를 보면 이런 유형의 출제는 대화를 듣고 이어질 수 있는 말을 고르기, 대화를 듣고 알 수 있는 내용 고르기 등 형식으로 출제되었다.

译文　原因

提问原因关系的问句经常使用表示原因关系的词尾，或者表示原因关系的惯用句型，所以要熟悉掌握这些词尾和句型。表示原因的词尾和句型有 "−아서，−니까，−더니，−기에，−는 바람에，−기 때문에，−는 탓에，−느라고，−(으)로 인하여，−(으)로 말미암아……"等等。初级阶段只掌握 "−아서"和 "−니까"，"−느라고" "−더니" 还有 "−기 때문에"，"−(으)로 인하여" "−는 바람에" 等就可以了。查看到第十回的能力考试可以发现此类型的问题大多以听完对话选择可连接的话语，听完对话选择可理解的内容等形式出题。

[예1] 다음 대화를 듣고 이어질 수 있는 말을 고르십시오.(选择能与对话连接的选项。)

🎧 **듣기대본** (听力本文)

> 여자: 늦어서 미안해요. 많이 기다렸지요?
> 남자: 괜찮아요. 차가 많이 막혔나 봐요.

> ① 아니오. 사람이 많아서 택시를 탔어요.
> ② 아니오. 어젯밤에 늦게 잤더니 피곤했어요.
> ③ 아니오. 차를 잘못 타는 바람에 늦었어요.
> ④ 아니오. 약속시간을 잊어버리느라고 늦었어요.

☑ **핵심표현**

□□ 막히다	堵车		□□ 피곤하다	疲惫
□□ 잘못	错误		□□ 잊다	忘记

∞ **포인트** −는 바람에

설명 ···

이 문제의 답은 ③이다. 수험생은 이런 문장을 듣고 그 중의 접속어미와 품사를 통해 문장의 뜻을 이해할 수 있어야 한다. 문장 속에 원인을 나타내는 어미 "−아서, −더니, −는 바람에, −느라고"가 있지만 문장 ②는 차가 막혀서 늦게 왔는가의 답이 될수 없고, 지문 ④는 비문이다. "잊다"는 순간동사이므로 진행의 의미를 나타내는 "−느라고"가 붙을 수 없고, ①은 논리적으로 맞지 않다.

说明) 这个问题的正确答案是③。应试生应该通过文中的接续词和词性理解文章的意思。虽然文中有表示原因的词尾 "−아서, −더니, −는 바람에, −느라고", 但是②不可能成为是否因堵车来晚的答复, 而④则是病句。"잊다"是瞬间性动词, 不能与表示动作进行的 "−느라고" 连用, 而①不合逻辑。

[예2] 다음 내용을 듣고 질문에 답하십시오. (听短文, 回答提问。)

듣기대본 (听力本文)

> 안녕하세요. 취업정보센터의 김지연입니다. 한국 택배회사에서 창고관리를 맡아 주실 분을 찾고 있는데 이영진 씨가 운전면허도 있으시고 이런 쪽으로 경험도 있으시고 해서 연락 드립니다. 그런데 일주일에 한 번 정도는 회사에서 주무셔야 합니다. 생각해 보시고 내일까지 연락 주시기 바랍니다. 기다리겠습니다. 그럼 안녕히 계세요.

질문1 : 내용을 듣고 알 수 있는 내용을 고르십시오.

① 여자는 지금 일자리를 구하고 있다.
② 이 일을 하게 되면 매일 회사에서 자야 한다.
③ 이영진 씨는 운전 기사로 오랫동안 일을 했다.
④ 이영진 씨는 택배회사에서 일해 본 적이 있다.

질문2 : 김지연 씨가 이영진 씨를 선택한 이유는 무엇입니까?

① 운전면허도 있고 경험도 있어서
② 회사에서 주무셔야 해서
③ 차고관리를 맡아 달라고
④ 이영진씨에게 취직을 부탁하려고

핵심표현

| □□ 일자리 | 工作 | □□ 구하다 | 求, 找(工作) |
| □□ 맡다 | 负责 | □□ 운전면허증 | 驾驶证 |

포인트 ─해시

설명 ....

들은 내용은 전화 메시지이다. 위의 내용에서 여자는 취업정보센터에서 근무하는 직원임을 알 수 있으므로 ①은 정답이 아니다. 그리고 "일주일에 한 번 정도"라는 정보에서 ②도 정답이 아님을 알 수 있다. 위의 내용에서 "이영진 씨가 운전면허 있다"는 정보만 있지 운전 기사로 일을 했다는 정보는 없으므로 ③도 정답이 아니다. "한국택배에서 창고 관리를 맡을 사람을 찾는다. 이런 쪽으로 경험도 있으시다"는 정보에서 정답이 ④임을 알 수 있다. 두 번째 질문은 위의 내용에서 원인을 나타내는 어미 "–어서"를 잡으면 쉽게 풀 수 있다. 듣기 지문에 보면 "운전면허도 있고 경험도 있으시고 해서"라고 했으므로 정답은 ①이다.

说明   所听的内容为电话留言。根据内容可以了解到女子是就业信息中心的职员，所以①不是正确答案。根据 "일주일에 한 번 정도" 这一信息也可以断定②也不是正确答案。短文的内容虽然有 "이영진 씨가 운전면허 있다" 这一信息，但这并不表示，他当过司机，所以③也不是正确答案。根据"한국택배에서 창고 관리를 맡을 사람을 찾는다. 이런 쪽으로 경험도 있으시다"等信息就可以断定④为正确答案。第二个提问如果把握住短文中表示原因的词尾 "–어서" 就可以容易解答问题。短文中有 "운전면허도 있고 경험도 있으시고 해서" 词句，所以正确答案应该是①。

(1) 다음을 듣고 질문에 대답하십시오. (听短文, 回答提问。)

🎧 듣기대본 (听力本文)

> 남자: 회사에서 미정 씨가 병원에 입원하셨다고 해서 많이 놀랐어요.
> 어떻게 된 거에요?
> 여자: 계단에서 넘어져서 다리가 부러졌어요.
> 남자: ____.

질문1 : 위에서 대화에 이어질 수 있는 말을 고르십시오.

① 그랬어요? 큰일 났어요.
② 그랬어요? 큰일 나겠어요.
③ 그랬어요? 큰일 날 번 했어요. 그래도 다행이에요.
④ 그랬어요? 내일 퇴원해도 되겠어요.

질문2 : 대화가 이루어지고 있는 장소는 어디입니까?

① 계단　　② 집　　③ 병원　　④ 회사

☑ 핵심표현

| □□ 놀라다 | 吃惊 | □□ 계단 | 阶梯 |
| □□ 큰 일 나다 | 出大事 | □□ 다행이다 | 万幸 |

👓 포인트　다행이다

(2) 다음을 듣고 알 수 있는 내용을 고르십시오.   (听短文, 选择能从短文中获得的信息。)

🎧 듣기대본 (听力本文)

남자: 요즘 미정이가 무슨 좋은 일이 있기에 하루 종일 싱글거려요? 애인이
　　　라도 생겼어요?
여자: 그게 아니구요. 미정이가 국외대학생 장학금을 받았대요. 그러니
　　　왜 안 기쁘겠어요?

---

① 미정이가 무슨 좋은 일이 있어서 하루 종일 웃어요.
② 무슨 일이 생겼는지 몰라서 안 기쁘대요.
③ 애인이 생겼대요.
④ 국외대학생장학금을 받아서 기뻤어요.

☑ **핵심표현**

	하루 종일	整天		생기다	发生
	싱글거리다	微笑		장학금	奖学金

➛ **포인트**　국외대학생 장학금, 왜 안 기쁘겠어요?

　가정과 조건의 관계를 나타내는 어미에는 "－(으)면, －었더라면"이 있고, 부사"만약"
이 있다. 듣기 대본을 듣기 전에 먼저 듣기 지문을 읽어보고 어떤 질문이 있는가를 먼저
확인하고 대본을 들으면 짧은 시간에 정보를 파악할 수 있다.

(译文)　假设和条件

　表示假设和条件关系的词尾有 "－(으)면, －었더라면", 副词有 "만약"。在听短文之
前如果先看提问内容则有利于在短时间内把握要点。

[예1] 아래의 글을 읽고 들은 내용과 다른 것을 고르십시오.

(听短文，选择与短文内容不同的选项。)

듣기대본（听力本文）

> 손님: 이걸 좀 부치려고 하는데요.
> 직원: 속달로 하시겠어요? 보통으로 하시겠어요?
> 손님: 속달로 하면 며칠이면 받을 수 있어요?
> 직원: 속달로 하면 이틀이면 받을 수 있고, 보통으로 하면 4일정도 걸립니다.
> 손님: 그럼 빠른 걸로 해주세요.

> ① 손님은 속달로 부치려고 합니다.
> ② 속달은 이틀이면 물건을 받을 수 있습니다.
> ③ 속달로 하면 보통으로 하는 것보다 이틀 늦다.
> ④ 보통으로 하면 도착하는 데 4일 걸린다.

핵심표현

□□ 속달	快递	□□ 보통	一般, 普通
□□ 부치다	寄	□□ 걸리다	花费, 需要

○→ 포인트 속달, 보통

설명

　　이 대화는 우체국에서 우체국직원과 손님의 대화하는 내용이다. 여기서 단어의 핵심은 "속달"에 대한 이해이다. 속달은 한자어로서 글자 그대로 빠른 시간에 물건이 도착한다는 뜻으로 이해하면 쉽다. 그리고 가정, 조건을 나타내는 어미 "-(으)면"이 대본과 지문에 여섯 번이나 들어갔으므로 이에 주의하면서 들으면 답을 쉽게 찍을 수 있다.

　　이 문제의 정답은 ③이다.

说明　这是邮局的职员和客人在邮局进行的对话。这里的核心是单词 "속달"。 "속달" 是汉字词，按字面直接理解成货物短时间内快速到达即可。表示假设，条件的词尾

"–(으)면" 在短文和提问中出现6次, 如果注意这一点就容易找到正确答案。这个问题的正确答案是③。

[예2] 다음을 듣고 질문에 답하십시오. (听短文, 回答提问。)

 듣기대본 (听力本文)

> 미선 씨, 어제 버스를 타고 오셨다면서요? 어제 회의가 제때에 끝났더라면 공항에 마중을 갔을 텐데 미안해요.
>
> 질문 : 이 사람의 말뜻은?
>
> ① 어제 회의가 있었어요.
> ② 어제 회의도 하고 공항에도 갔어요.
> ③ 어제 회의가 제시간에 끝나지 않아서 마중을 못 갔어요.
> ④ 어제 이 사람은 버스를 타고 왔어요.

☑ 핵심표현

□□ 제때에	按时	□□ 끝나다	结束
□□ 마중	出迎		

☞ 포인트   –(으)ㄹ 텐데

이 문제의 핵심 포인트는 가정적 조건을 나타내는 어미 "–았더라면"에 대한 이해이다. 이 어미는 이 문장에서 과거 시에 완료된 사실을 회상하여 후회하는 뜻을 나타냈다. 지문에서 이런 뜻을 나타낸 것은 ③이다.

　说明　这个问题的核心是对表示假设的词尾 "–았더라면" 的理解。这个词尾在这个短文中表示了回忆并对过去已经完成的事实表示后悔。选项中③表示了这个意思。

(1) 다음을 듣고 질문에 대답하십시오.　(听短文, 回答提问。)

🎧 **듣기대본**（听力本文）

> 아버지: 우리 쌍둥이들이 공부가 어때요?
> 선생님: 주 과목인 수학과 어문, 외국어를 비교해보면 큰애의 외국어실력
> 　　　　이 작은애와 별 차이가 없고 수학은 작은애가 큰애보다 별로
> 　　　　나은 것이 없고, 국어성적은 둘 다 비슷해요.
>
> 질문 : 쌍둥이 형제 중 누가 공부를 더 잘합니까?
>
> 　① 형이 공부를 더 잘한다.
> 　② 동생이 공부를 더 잘한다.
> 　③ 형과 동생이 비슷하다.
> 　④ 수학과 외국어를 제외하고 그들의 성적은 비슷하다.

☑ **핵심표현**

쌍둥이	双胞胎	실력　　能力, 实力
비슷하다	相似, 差不多	제외하고　　除外

☞ **포인트**　별 차이가 없다, 별로 나은 것이 없다.

(2) 다음을 듣고 들은 내용과 같은 것을 고르십시오.

(听对话，选择与对话内容相同的选项。)

듣기대본 (听力本文)

> 가: 실례합니다. 이 근처에 중국어 학원이 있다고 하던데, 아세요?
> 나: 중국어학원에 가시려면 이 길을 건너야 돼요. 길을 건너서 오른쪽으로
>   조금만 가면 나와요.

> ① 중국어학원은 왼쪽으로 가면 있습니다.
> ② 중국어학원은 길을 건너서 오른쪽에 있습니다.
> ③ 중국어학원은 길을 건너면 바로 보입니다.
> ④ 중국어학원은 길을 건너서 왼쪽에 있습니다.

핵심표현

| □□ 근처 | 附近 | □□ 길을 건너다 | 过路 |
| □□ 바로 | 正是 | □□ 조금 | 一点 |

포인트 길을 건너다. 조금 가면

듣기대본에 "설사, 비록, 가령, 아무리" 등 부사나 "－아도, －더라도" 등 어미가 있으면 양보를 나타낸다. 그러나 초급단계에서는 양보를 나타내는 기본적인 어미 "－아도"만 배웠기 때문에 초급에서는 어려운 문제가 아니다. 또 중국어에 같은 뜻을 나타내는 표현들이 있기 때문에 비교적 쉽게 해결할 수 있다.

译文　让步

如果在听力文本中有 "설사, 비록, 가령, 아무리, "等副词或 "－아도, －더라도"等词尾则表示让步的意义。因为在初级阶段只学习表示让步意义的词尾"－아도", 所以此类题在初级阶段并不是难题。还有在汉语里也有表示相同意义的表达方法，所以此类题比较容易解决。

[예1] 다음을 듣고 질문에 답하십시오. (听短文, 回答提问。)

🎧 **듣기대본** (听力本文)

> 남자: 이 과자 좀 드셔보고 가세요.
> 여자: 그냥 먹어도 돼요?
> 남자: 네, 그냥 드시고 맛이 어떤지 평가만 해 주시면 됩니다.
> 여자: 음, 아주 맛있는데요.
>
> 질문 : 남자는 지금 뭘 하고 있어요?
>
> ① 과자를 팔고 있다.
> ② 요리 경연대회를 하고 있다.
> ③ 신제품을 홍보하고 있다.
> ④ 여자는 과자를 사고 있다.

☑️ **핵심표현**

	과자	饼干		그냥	就那样
	평가	评价		홍보하다	广告, 宣传

∞ **포인트** －아도

선구

이 대화에서 "요리 경연대회"에 대한 표현이나 정보가 없다. "그냥 먹어도 된다"는 양보표현의 말에서 "팔고 있는 것"은 아님을 알 수 있다. 그러므로 "팔다"와 "사다"가 들어간 ①과 ④는 답이 아니다. 그리고 "그냥 드시고 맛이 어떤지 평가만 해 주시면 된다."에서 과자 신제품을 시식(試食)하게 하고 홍보하고 있음을 알 수 있다. 정답은 ③이다.

説明 在这个对话里没有有关"요리경연대회"的信息。含有让步意义的 "그냥 먹어도 된다" 则透露出不是在 "팔고 있는 것", 所以含有 "팔다" 和 "사다" 的①和④就不是答案。通过 "그냥 드시고 맛이 어떤지 평가만 해 주시면 된다." 可以了解这是在进行糕点新产品的品尝活动和推销活动。正确答案是③。

[예2] 다음을 듣고 질문에 답하십시오. (听对话, 回答提问。)

🎧 **듣기대본** (听力本文)

> 남자: 어제 온다고 했는데 왜 이렇게 늦었어요?
> 여자: 비가 와서 오늘도 하마터면 비행기를 못 탈 뻔 했어요.
> 남자: 그래요? 비가 와도 비행기가 뜨나 보죠.
>
> 질문 : 여자의 말뜻은?
>
> ① 이번 출장은 비가 와서 늦었어요.
> ② 오늘 비가 와서 비행기를 못 탔어요.
> ③ 비가 오지만 겨우 비행기를 탔어요.
> ④ 비가 오면 비행기를 못 타요.

☑ **핵심표현**

□□ 하마터면	差点儿		□□ 뜨다	(飞机) 起飞
□□ 겨우	勉强			

∞ **포인트** 하마터면, −(으)ㄹ 뻔하다

들기 대본에 보면 양보의 표현 "비가 와도"를 써서 "비행기가 뜬다"란 정보를 이미 주었으므로 지문 ②와 ④는 답이 아니라는 것을 알 수 있다. 그리고 또 다른 포인트는 "-(으)ㄹ 뻔하다"이다. 이 문형은 주로 원하지 않는 의미의 동작들에 주로 쓰여 조금만 잘못했으면 앞에서 말한 상태가 되었을 텐데 다행이 그렇게 되지 않았음을 표현하는 말이다. 따라서 이문제의 정답은 ③이다.

 短文中含有表示让步意义的 "비가 와도", "비행기가 뜬다" 的信息, 以此可以判断②和③不是正确答案。还有一个要点是 "-(으)ㄹ 뻔하다"。这个句型多用于不情愿的动作, 稍有失误前述内容就差一点成为事实, 且含有庆幸没有成为现实意味, 因而正确答案是③。

(1) 다음을 듣고 질문에 답하십시오. (听短文, 回答提问。)

🎧 듣기대본 (听力本文)

> 여자: 다음 주는 연휴인데 어디 여행이라도 다녀올까요?
> 남자: 먼데로 가면 돈이 많이 들 거고 가까운 데는 십중팔구는 다 갔었고
> 정말 어디로 가면 좋을까? 나 당신 하자는 대로 할게.
>
> 질문 : 들은 내용과 다른 것은?
>
> ① 가까운 곳은 거의 다 가봤다.
> ② 돈이 모자라서 갈수 없다.
> ③ 여자가 어디 가면 남자도 어디 간다.
> ④ 두 사람은 아직 어디 갈지 정하지 못했다.

☑ 핵심표현

□□ 돈이 들다	需要钱, 费钱	□□ 십중팔구　多半
□□ 모자라다	不够	□□ 정하다　决定

☞ **포인트**　-(이)라도, -는 대로 하다

```
Memo
```

(2) 다음을 듣고 들은 내용과 다른 것을 고르십시오. (听对话，选择与内容不一致的选项。)

🎧 듣기대본 (听力本文)

> 여자: 철수니? 아무리 바빠도 전화는 했어야지? 걱정했잖아.
> 남자: 좀 바빴어. 무소식이 희소식이잖아? 걱정은 무슨….
>
> ① 여자는 바빠서 전화를 하지 않았다.
> ② 여자는 남자가 전화를 하지 않아 걱정했다.
> ③ 남자는 바빠서 전화하지 않았다.
> ④ 소식이 없으면 좋은 소식과 같다.

☑ 핵심표현

　　☐☐ 걱정하다　　担心　　　　　　☐☐ 무소식　　无消息
　　☐☐ 희소식　　好消息

👁 포인트　무소식이 희소식

> Memo

초급에서 대립을 나타내는 표현으로 어미 "-지만, -(으)나"를 배운다. 그러나 때로는 이런 어미 없이도 대립관계를 나타내기도 한다. 그리고 "-는데"도 상황에 따라서는 대립을 나타내기도 한다. 대립을 나타내는 표현은 중국어에도 있으므로 이해하기가 비교적 쉽다.

译文 对立

在初级阶段学习表示对立关系的词尾有"-지만, -(으)나", 但是有时即使没有这些词尾也可以表示对立关系, 还有根据情形"-는데"也表示对立。汉语中同样也有表示对立关系的词尾, 所以较为容易理解。

[예1] 다음을 듣고 들은 내용과 같은 것을 고르십시오.

(听短文, 选择与短文内容一致的答案。)

듣기대본 (听力本文)

> 다음 주에 설악산 관광을 간다는 것은 알고 있지만 선생님은 꼭 가야 한다고는 말씀하지 않았어요.

질문 : 이 사람의 말뜻은?

① 설악산 관광 가지 않아도 된다.
② 설악산 관광 꼭 가야 한다.
③ 선생님께서는 설악산 관광 꼭 가지 않는다.
④ 설악산 관광을 꼭 다음주에 가야 하는 것은 아니다.

핵심표현

관광　旅游　　　　　　　다음 주　下周

포인트　-어야 하는 것은 아니다

설명

들기 대본에서 포인트는 대립관계를 나타내는 "-지만"이다. 앞에서 "관광 간다는 것을 알고 있지만"을 말함으로써 뒤에 오는 내용이 앞의 내용과 반대됨을 알 수 있다. 따라서 "다음주에 설악산 관광을 가지만"에 "가지 않아도 된다."로 이어주는 내용이 정답이 된다.

说明　短文中的要点是表示对立关系的词尾 "-지만" 前面已叙述"관광 간다는 것을 알고 있지만", 所以后续的内容肯定与之相反, 因而接"다음주에 설악산 관광을 가지만" 的正确内容应该是 "가지 않아도 된다."。

[예2] 다음을 듣고 들은 내용과 같지 않은 것을 고르십시오.

(听短文, 选择与短文内容不一致的答案。)

듣기대본 (听力本文)

> 안녕하세요? 저는 이번에 새로 편입한 장나라고 합니다. 원래 경영학을 전공했지만 대학 다닐 때부터 한국어를 좋아해서 전공 공부보다 한국어 공부를 더 열심히 했습니다. 잘 부탁 드립니다.

① 이 사람은 경영학를 전공했다.
② 이 사람은 한국어학과에 새로 편입했다.
③ 이 사람은 전공 공부를 열심히 했다.
④ 이 사람은 대학에서 자기 소개를 하고 있다.

핵심표현

편입하다	插班	경영학	经营学
다니다	上(班, 学)	열심히	用功地, 积极地

포인트 전공보다 한국어를 좋아하다

설명

이 사람은 "경영학을 전공했다"고 했으므로 ①의 내용과 같다. "이번에 새로 편입했다"는 이번에 새로 이 반에 들어왔다는 말로 ②의 내용과 일치하고 ④의 내용은 새로 들어온 대학에서 자기 소개를 하는 내용으로 대본과 같은 내용이다. 듣기 대본에서 이 사람은 "전공 공부보다 한국어 공부를 더 열심히 했다"고 했으므로 ③의 내용과 다르다. 따라서 정답은 ③이다.

说明　此人介绍到自己"경영학을 전공했다"所以与①的内容相同。"이번에 새로 편입했다" 说明刚进入这个班，所以与②的内容相同。④的内容是在刚入学的大学作自我介绍, 所以与短文内容相同。此人说 "전공 공부보다 한국어 공부를 더 열심히 했다", 所以与③的内容不相同, 因而正确答案是③。

(1) 다음을 듣고 내용과 다른 것을 고르십시오. (听短文, 选择与对话内容一致的选项。)

🎧 **듣기대본** (听力本文)

> 남자: 동생은 키는 작지만 예뻐요.
> 여자: 그럼 언니는 키가 크지만 예쁘지 않단 말씀이세요?
> 남자: 그게 아니라, 동생이 더 예쁘다는 말이에요.
>
> ① 동생은 키가 작다.
> ② 형은 키가 크다.
> ③ 언니는 동생보다 예쁘지 않다.
> ④ 동생은 언니보다 예쁘지 않다.

☑ **핵심표현**

　　☐☐ 키가 작다　个子矮

👁 **포인트**　-단 말씀이세요

Memo

(2) 다음을 듣고 내용과 같은 것을 고르십시오.(听短文, 选择与对话内容相同的选项。)

🎧 **듣기대본** (听力本文)

> 남자: 여기는 옛날에는 뭘 하던 곳이었어요?
> 여자: 운동장이었으나 지금은 주차장이 되었습니다.
> 남자: 그럼 학교도 있었겠네요.
> 여자: 당연하지요.
>
> ① 여기는 지금 학교이다.
> ② 여기는 운동장이었다.
> ③ 여기는 주차장이었다.
> ④ 옛날은 주차장이었다.

☑ **핵심표현**

　　□□ 당연하다　　当然　　　　　　　　□□ 주차장　　停车场

👉 **포인트**　(과거시제) －었－

> Memo

중급듣기

1. 사실적 이해 (事实的理解)

2. 추리·상상적 이해 (推理·想象的理解)

3. 비판적 이해 (批判的理解)

4. 논리적 이해 (逻辑的理解)

§ 한국어능력시험 중급듣기 §

(韓国语能力考试 中级听力)

중급에서의 듣기는 초급에서의 듣기와는 그 형식에서는 비슷하나 내용에서는 많이 다르다. 중급 듣기에서는 좀 더 길고 복잡한 텍스트를 선택하여 대담, 대화, 토론, 평론, 뉴스 등의 형식으로 듣기 능력을 테스트하게 된다. 구체적으로 어휘능력, 사실적 이해, 추리 상상적 이해, 비판의 이해, 논리적 이해를 중심으로 평가된다.

듣기의 사실적 사고는 정확하고 주의 깊게 제시된 정보를 기억하는 능력을 측정한다. 정확한 듣기를 위해서는 주요한 정보를 기록하는 습관을 기르는 것이 중요하다.

듣기의 추리 상상적 사고는 사실적 이해를 바탕으로 한다. 곧 핵심적인 정보를 정확하게 이해한 다음, 그 정보를 근거로 새로운 정보를 이끌어 내는 활동을 의미한다. 이를 해결하기 위해서는 먼저 핵심적인 내용이 무엇이며, 그 내용을 화자는 어떠한 관점에서 말하고 있는가를 파악하는 것이 필요하다.

듣기의 비판적 사고는 제시된 정보의 논리적 결함 혹은 관점의 문제점을 지적하는 사고이다. 주장의 핵심적인 내용을 추출하고 그것이 지닌 문제점을 정확하게 판별할 수 있어야 한다.

일상적 발화에서 자연스럽게 받아들여지는 내용도 엄격하게 따지고 들면 많은 논리적 결함을 내포하고 있다. 이를 파악하기 위해서는 먼저 논거와 결론이 무엇인지를 구분해야 하며, 그 관계가 지닌 오류를 적절하게 규정할 수 있어야 한다.

지금까지 10회에 걸친 중급의 듣기 기출문제는 매 급에서 30문항이 출제되었다. 출제 유형을 보면30문항 중 2개 문항은 녹음을 듣고 그에 맞는 그림을 찾는 것이고, 4-5개는 대화에 이어질 말을 고르는 문제이고, 4-5개는 들은 내용과 일치한 것과 일치하지 않는 것을 고르는 문제이고, 10-12개 정도는 내용을 듣고 질문에 답하는 문제들이다.

중급에서는 주로 대화를 듣고 그림을 찾기, 대화를 듣고 대화의 장소를 말하기, 대화에 이어질 수 있는 말을 고르기, 그리고 들은 내용과 뜻이 같은 것을 고르기, 같지 않은 것을 고르기, 들려준 내용을 듣고 물음에 답하기 등 형식으로 출제되어 수험자들의 판단 능력과 추리능력 그리고 종합분석 능력을 테스트하였다.

초급에서 이미 세부적인 것에 대한 질문이나 기능적인 질문에 대한 것과 어휘의 의미와 관용어의 의미에 대해서도 이미 설명했으므로 중급에서는 어휘와 기능적인 질문이나 세부적인 질문은 다루지 않고 주로 정보를 확인하고 추리하고, 판단하는 능력 제고에 초점을 두고 다루고자 한다.

译文

中级的听力和初级听力其形式相似, 但内容却大不相同。中级的听力测试要比初级所听得内容更为丰富, 更为复杂。测试的形式则有相谈, 对话, 讨论, 评论, 新闻等。具体以词汇能力, 事实理解, 推理想象能力, 批判能力, 逻辑性理解能力作为主要的鉴定或评价依据。

听力的事实理解能力是测试学生是否正确地记住了所提示的重要信息。 要具备准确的听力能力就要养成记录主要信息的习惯。

听力的推理想象能力要以理解事实为前提, 即在正确理解核心信息之后以该信息为根据引出新信息的过程。为了完成这一过程首先需要掌握核心内容, 而且要了解言者从什么观点阐释这个内容的。

听力的批判能力为能够指出提示信息中逻辑上的缺陷, 或者在观点上存在的问题。这要求应试者即使能够提炼出言者所主张的核心内容, 并能够正确判断其所带有的问题。即使日常生活中人们习以为常的言谈内容及方式, 如果仔细推敲会发现含有很多逻辑上的缺陷。为了正确地找出这些逻辑上的缺陷要学会正确区分论据和结论, 并能够恰如其分地纠正两者关系的不贴切处。

迄今为止, 前10回的中级听力测试题基本上是每级出30项问题。就出题类型而言, 在30项问题中2项为听录音找出与之相配的图画, 4-5项是找出可接续的对话, 4-5项是判断与已听内容相符与否, 10-12项是听完回答提问。

中级的出题形式主要有听对话找图画, 听对话找对话场所, 找可接续的对话, 选择与所听内容相符与否的句子, 听完回答问题等, 以此测试应试生的判断能力, 推理能力以及综合分析能力。

在初级阶段已经阐述了对具体问题的提问, 技能性提问, 词汇的意义和惯用语的意义, 所以在中级阶段对词汇, 技能性提问, 具体提问省略不予解说, 把重点和焦点放在了提高对信息的确认, 推理, 判断的能力上。

사실적 이해
(事实的理解)

정보의 존재 여부를 가려 들으며 내용을 짧게 나누어 정리하여 들어야 한다.

译文　信息的确认

倾听时要注意在所提供的信息中找出所需的信息, 要把内容分段, 并加以整理。

[예1] 다음을 듣고 문장내용과 다른 것을 고르십시오.

(听短文, 选择与短文内容不相同的答案。)

🎧 **듣기대본** (听力本文)

> 예약을 하지 않고 바로 병원에 오시면 오래 기다릴 수도 있습니다. 진료를
> 받으시려면 반드시 미리 전화로 예약을 주십시오. 예약시간은 평일 오전
> 9시부터 오후 5시까지이고 토요일에는 오전 9시부터 낮 12시까지입니다.
> ○ 예약 전화는 02) 234 − 5678
> 성모병원 외국인 진료소로 하시면 됩니다.

> ① 전화로 예약을 할 수 있다.
> ② 토요일에는 오전에만 예약을 받습니다.
> ③ 외국인이 운영하는 진료소 안내입니다.
> ④ 평일에는 오전, 오후 모두 예약을 받습니다.

✔ **핵심표현**

□□ 진료	诊疗		□□ 미리	提前
□□ 평일	平日		□□ 운영하다	经营管理

☞ **포인트**　외국인 진료소, 외국인이 운영하는 진료소

설명

　　듣기 대본에 보면 예약 시간, 전화로 예약하는 방법, 예약전화번호 등 정보가 나와
있다. 그리고 외국인 진료소라는 정보와 나와있다. 그러나 지문에 있는 외국인이 운영하
는 진료소와 듣기 대본에 있는 외국인 진료소는 혼동하기 쉬운 개념이므로 정보를

정확히 가려내야 한다. 외국인 진료소는 외국인이 운영하는 것이 아니라 외국인을 치료하는 진료소이다. 그러므로 정답은 ③이다.

说明　短文中已经提示了预约时间, 电话预约的方法，预约电话号等信息，另外还有外国人诊所的信息。不过, 答案中的外国人经营的诊所和短文中的外国人诊所是容易弄混概念以致误答, 所以要学会正确地分清所给的信息。外国人诊所并非外国人经营的诊所, 是诊治外国人的诊所, 因而正确答案是③。

[예2] 다음을 듣고 문장내용과 다른 것을 고르십시오.

(听短文, 选择与短文内容不同的答案。)

듣기대본（听力本文）

> 장나는 서울대학교에서 공부하는 중국유학생입니다. 그는 고시원에 삽니다. 여덟 시에 고시원을 떠나서 예화 역에서 지하철을 탑니다. 한국어 수업은 아홉 시에 시작해서 오후 한 시에 끝납니다. 그는 학교 식당에서 한국친구와 같이 점심을 먹습니다. 저녁에는 여섯 시쯤에 고시원에 돌아와서 먹습니다.
>
> ① 장나는 지하철을 타고 학교에 갑니다.
> ② 장나는 고시원에서 한국어를 공부합니다.
> ③ 수업은 아홉 시부터 시작합니다.
> ④ 장나는 학교 식당에서 점심을 먹습니다.

✓ 핵심표현

　　□□ 고시원　考试院　　　　　　　□□ 쯤　左右

　　∞ 포인트　고시원에 살다

　　대본을 보면 학교에 어떻게 가며, 어디에서 공부하며, 공부는 몇 시부터 하며, 점심을 어디에서 먹는가에 대한 정보가 나와 있다. 대본을 들으면서 지문을 하나하나 체크해가면 쉽게 다른 것을 찾을 수 있다. 장나는 고시원에서 산다고 했고 지하철을 타고 학교에 가서 공부한다고 했으므로 고시원에서 공부한다고 한 정보는 틀린 정보이다. 따라서 대본과 다른 것은 ③이다.

　　说明　短文中已经提示了如何去学校, 在哪里学习, 从几点开始学习, 午饭在哪里吃的相关信息。听短文的同时要逐一对照选项的话, 则容易找到与短文内容不相同的答案。因为已经告知张娜在考试院居住, 乘地铁上学校学习, 所以, 说在考试院学习是错误的, 因而与短文内容不同的是③。

(1) 다음을 듣고 문장내용과 <u>다른 것</u>을 고르십시오. (选择与下面短文内容不同的选项。)

듣기대본 (听力本文)

> 오늘은 토요일입니다. 왕강은 학교 앞 정문에서 친구들을 기다리고 있었습니다. 그들과 함께 남대문시장에 가려고 합니다. 남대문시장은 동대문시장보다 더 큽니다. 거기에는 가격도 저렴하고 품질도 괜찮은 물건들이 아주 많습니다. 왕강은 부모님께 드릴 선물과 친구들에게 줄 기념품을 사려고 합니다.
>
> ① 동대문시장에는 괜찮은 물건들이 아주 많습니다.
> ② 왕강은 부모님께 드릴 선물을 사려고 합니다.
> ③ 친구들에게도 기념품을 주려고 합니다.
> ④ 동대문 시장은 남대문시장보다 작습니다.

☑ 핵심표현

□□ 저렴하다	低廉, 便宜	□□ 품질　品质
□□ 선물	礼物	□□ 기념품　纪念品

∞ 포인트　지시대명사 "거기"

Memo

(2) 다음을 듣고 문장내용과 <u>다른</u> 것을 고르십시오. (选择与下面短文内容不同的选项。)

듣기대본 (听力本文)

> 지난 23일 오전 한 시쯤 빗길을 달리던 자동차가 한강대교에서 떨어지는 사고가 발생했다. 이 사고로 자동차에 타고 있던 이모(17)군과 이군의 친구 2명이 모두 강물에 빠져 목숨을 잃었다. 경찰 조사결과, 이군은 운전 면허증 없이 친구들과 함께 아버지의 자동차를 몰래 타고 나갔다가 이 같은 사고를 당한 것으로 밝혀졌다.

① 사고는 비 오는 날 밤에 일어났다.
② 이군이 탄 자동차는 한강에 떨어졌다.
③ 사고가 난 차에는 세 명이 많이 다쳤다.
④ 운전자는 운전면허증도 없이 아버지의 차를 운전했다.

핵심표현

□□ 빗길	下雨的路	□□ 떨어지다	落, 落下
□□ 목숨	生命	□□ 면허증	驾驶证
□□ 몰래	悄悄地	□□ 당하다	遭遇

포인트 목숨을 잃다. 많이 다치다

담화의 앞부분이나 마무리에 특히 주의를 하며 반복되는 어휘나 단정적 진술에
주의하여 듣는다.

译文 核心内容的整理

着重注意谈话的首, 尾两部分, 特别留意多次重复的词汇和断定性的陈述。

[예1] 다음 내용을 듣고 학급 학생들에게 전달하려고 한다. 반드시 전달할 내용으로 바르지 <u>않은</u> 것은?(听完如下短文, 欲向学生转达其内容。哪些是不应该传达的错误信息?)

듣기대본（听力本文）

> 2004년 3월 13일 토요일 오후 1시에 강당에서 공개 오디션을 실시한다. 거기서 60명의 연극반원을 뽑는데, 지원자들은 자신의 장기나 특기, 즉흥 연기, 대사 읽기 등 자기 표현을 할 수 있도록 준비해야 한다. 특히 연극적 재능이 있는 학생은 적극적으로 권유를 해야 하고, 연극 반 지원학생은 가입 신청서 제출할 때 부모님의 동의서도 함께 제출하여야 한다.
>
> ① 담임 선생님의 동의
> ② 오디션 장소, 시간
> ③ 오디션에 들고 와야 할 서류
> ④ 뽑을 인원수

핵심표현

오디션	面试		실시	实施
뽑다	选		지원자	志愿者, 申请者
장기	优点, 特长		특기	特长
대사	台词		권유	劝诱
제출	提交			

포인트 부모님의 동의

대본에 보면 첫 머리에서 시간과 장소 정보를 주고 뭘 한다는 것과 몇 명을 뽑는다는 정보도 확실하게 주었다. 마지막 부분에 신청서 제출할 때 부모님의 동의서도 함께 제출해야 한다고 했으므로 담임 선생님에 대한정보는 없다. 그러므로 정답은 ①이다.

说明 短文一开始就提示了时间, 场所, 并确切地告知了需要做什么和选拔几名。在最后部分还提到了提出申请时还要附上父母的同意书, 但是没有提到有关老师的信息, 因而正确答案是①。

[예2] 다음을 듣고 문장의 제목으로 알맞은 것을 고르십시오.

(听短文, 选择适合文章的题目。)

듣기대본 (听力本文)

한국은 사계절이 뚜렷합니다.

봄은 따뜻합니다. 봄바람이 산들산들 붑니다. 아름다운 꽃들이 많이 핍니다. 사람들은 벚꽃놀이를 갑니다.

여름에는 날씨가 덥고 비가 자주 옵니다. 7월 말과 8월 초에는 무척 덥습니다. 사람들은 산이나 바다로 피서를 갑니다.

가을에는 날씨가 서늘합니다. 그리고 울긋불긋 단풍이 듭니다. 사람들은 설악산과 내장산에 단풍구경을 갑니다.

겨울에는 춥고 눈이 내립니다. 아이들은 눈사람을 만들고 눈싸움도 합니다. 사람들은 스키를 타러 스키장에 갑니다.

한국의 사계절은 모두 아름답습니다.

① 한국의 사계절　　　② 계절과 날씨

③ 한국 사람들　　　　④ 춘하추동

☑ 핵심표현

☐☐	뚜렷하다	清楚	☐☐	산들산들	微微地
☐☐	벗꽃	樱花	☐☐	무척	非常, 极为
☐☐	피서	避暑	☐☐	울긋불긋	五颜六色
☐☐	단풍	枫叶			

∞ **포인트** 주제문

설명

듣기 대본의 첫머리에 "한국은 사계절이 뚜렷합니다"라고 쓰고 대본의 마지막에 또 한번 "한국의 사계절은 아름답습니다"라고 썼다. "사계절"이란 말을 문장 첫머리와 마지막에 반복하여 말한 것은 화자가 이 주제를 강조하려 함이다. 중간에 봄, 여름, 가을, 겨울에 대한 설명은 한국의 사계절에 대한 구체적인 설명으로서 주제문을 받쳐주는 역할을 할 뿐이다. 그러므로 정답은 당연히 ①이 된다.

说明 短文的开篇第一句就是"한국은 사계절이 뚜렷합니다", 而最后一句则又一次强调了"한국의 사계절은 아름답습니다" 在文章的开头和最后都反复提到"사계절"一词, 是表明作者要突出这一点。文中对春夏秋冬的描写则为对"사계절"的说明, 对文章的主题起支撑作用。因此, 正确答案当然是①。

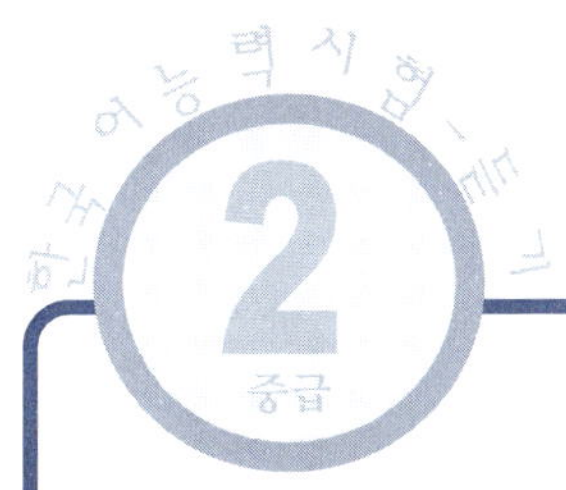

추리 · 상상적 이해
(推理 · 想象的理解)

1) 의도의 추리

추상적 이해는 글쓴이의 생각과 느낌을 그대로 받아들이는 수준을 넘어서 훨씬 더 깊고 넓게 생각하고 느끼는 것까지 포함한다. 가령 글 속에 언급된 내용을 바탕으로 그 내용을 더욱 깊고 넓게 추리하는 것이나 글 내용에 대하여 비판적으로 견해를 제시하는 것 모두 이해에 속한다. 그러므로 들을 때 발화 뒤에 숨어 있는 의도를 고려하여 들으며 비유적인 의미 수사적 표현 등에 주의한다.

[译文] 意图的推理

抽象的理解是指超越被动地接受作者的想法和感受的层次，主动地思索更深，更广的内容。以文中所及内容为基调，把内容更广，更深地进行推理，或者对文章的内容提出批判性的见解也属于抽象理解的范畴。所以在倾听时要注意言语背后的意图以及比喻和修辞的表达方式。

[예1] 다음을 듣고 질문에 답하십시오.(听短文，回答提问。)

🎧 **듣기대본** (听力本文)

> 눈에 넣어도 아프지 않다는 말은 눈에 넣어도 아프지 않은 매우 귀중한 것이란 의미로 쓰이며 흔히 사랑하는 자녀를 떠올리게 된다. 아이를 품에 안고 사랑스런 눈으로 내려다 보는 어머니의 모습이 세상에서 가장 아름답다고 하지 않던가!
>
> 질문 : "눈에 넣어도 아프지 않다"는 무엇을 비유한 말입니까?
>   ("눈에 넣어도 아프지 않다"比喻什么？)
>
>   ① 귀중한 물건
>   ② 어머니
>   ③ 자녀
>   ④ 어이를 안은 어머니의 모습

☑ **핵심표현**

□□ 눈에 넣다	放在眼里		□□ 떠올리다	浮現
□□ 품에 안다	抱在怀里		□□ 내려다 보다	俯視

∽ **포인트** 자녀를 떠올리게 된다.

　　들기 대본에서 화자는 "눈에 넣어도 아프지 않다"는 속담을 써서 자녀의 귀중함을 비유적인 수법으로 표현했다. 그러므로 이 속담이 비유하는 의미는 자녀를 말한다. 비슷한 표현으로 "손에 쥐면 깨질까 불면 날아날까"가 있다. 자녀의 귀중함을 이르는 속담이나 성어의 표현으로 중국어에도 같은 표현이 있다. "握在手里怕碎, 含在嘴里怕化"중국어와　대조해서 이해하면 쉽게 이해할 수 있다. 정답은 ③이다.

说明 短文中讲话人以谚语 "눈에 넣어도 아프지 않다." 比喻非常疼爱子女。所以在 这里谚语所比喻的是子女。类似的比喻手法有 "손에 쥐면 깨질까 불면 날아날까.". 表现疼爱子女的谚语或成语在汉语里也很多。如"握在手里怕碎,含在嘴里怕化"等。 如与汉语对照进行理解的话,就容易掌握。答案是③。

[예2] 다음을 읽고 물음에 답하십시오. (读短文, 回答问题。)

듣기대본 (听力本文)

> 면접대비사항으로 아래와 같은 점에 주의를 돌려야 합니다. 지원회사에 대해 사전지식을 충분히 가져야 합니다. 그리고 필기시험에서 합격통지가 온 후 면접시험 날짜가 정해지는 것이 보통이다. 이때 수험자는 면접시험을 대비해 사전에 자기가 지원한 계열사 또는 부서에 대해 폭넓은 지식을 가질 필요가 있다.
>
> 질문 : 면접시험사항으로 무엇을 준비해야 합니까? (面试都需要准备什么?)
>
> ① 서류
> ② 사전
> ③ 필기 시험 합격통지서
> ④ 지원한 계열사 또는 부서에 대하 폭넓은 지식

핵심표현

□□ 주의를 돌리다	注意		□□ 면접시험	面试
□□ 대비하다	准备		□□ 사전에	事前
□□ 계열사	系列公司		□□ 폭넓다	广泛

포인트 주의를 돌리다

“면접시험”에 대한 “사전지식”이라고 첫 머리에 말했으므로 “사전”으로 오해 할 수 있다. 또 “필기 시험에서 합격통지”라고 해서 “통지서”라고 잘못 추리할 수도 있다. 화자는 첫머리에 면접을 대비해 사전지식을 가져야 한다고 했고 또 문장의 마지막에 가져야 할 사전 지식에 대해 구체적으로 말하고 있다. 즉 지원한 계열사, 또는 부서에 대한 폭넓은 지식이라고 찍어 말하고 있다. 따라서 정답은 ④ 이다.

说明 文章的开头有“면접시험”에 대한 “사전지식”字眼，容易误解成“사전”，还有“필기 시험에서 합격통지”容易错误地推理成“통지서”。言者在文章的开头就指出应对面试要提前做好事前准备，掌握相关知识，在文章的末尾具体指出了需掌握的具体内容，即对申请的公司分支机构，或者对各个部门有广泛的了解，因而正确答案应该是④。

(1) 다음을 듣고 질문에 답하십시오. (听短文回答问题。)

🎧 **듣기대본** (听力本文)

> 자기소개란 "나는 이러이러한 가치관과 인생관을 가진 사람이고 이러이러한 소질과 적성 그리고 능력을 가진 사람이다."라는 것을 알리는 내용이다. 추천입학 시험에서, 또는 취직시험에서 제출할 서류로는 졸업증명서, 성적증명서, 그리고 자기소개를 요구하고 있다.

> 질문 : 자기 소개를 요구하는 이유로 합당하지 않은 것을 고르십시오.
> (挑出作为自我介绍不合适的答案。)
>
> ① 그 이유는 지원서나 이력서만으로는 측정할 수 없기 때문이다.
> ② 개인의 성장 과정이나 가정환경 또는 인생관, 직업관 등을 확인하려고
> ③ 입사, 입학 동기나 앞으로의 포부 등을 알아보기 위해
> ④ 수험생의 학교성적, 학위, 성격 등을 알아내기 위해

☑ **핵심표현**

| □□ 이러이러하다 | 这样那样 | □□ 추천입학 | 推荐入学 |
| □□ 가정환경 | 家庭环境 | □□ 측정하다 | 测定, 推定 |

↪ **포인트**　학위, 성적

(2) 다음을 듣고 물음에 답하십시오. (听短文回答问题。)

듣기대본（听力本文）

이력서의 구성요소로 성명 및 생년월일을 써야 한다.

성명은 한글과 한자 모두 적고, 성명 뒤에는 도장을 찍는다. 생년월일은 서기로, 나이는 만 나이로 기재한다. 그리고 직접 연락이 가능한 전화번호와 응시부문을 기재한다. 핸드폰 등 비상 연락처도 함께 기재한다.

현주소는 본인이 현재 거주하고 있는 주소를, 본적은 호적이 있는 주소를 써야 한다.

호적관계는 호주의 성명과 호주와의 관계를 적는다. 학력은 고등학교 졸업 때부터 작성한다. 군 경력은 학력 속에 포함시켜 연대순으로 기입한다. 경력사항은 업무와 관련된 경력을 위주로 최근의 것부터 기재한다.

질문 : 이력서의 구성요소가 아닌 것은? (挑出非简历要素的答案。)

① 생년월일, 성명, 전화번호
② 군 경력 학력
③ 주소와 본적
④ 주민등록번호

핵심표현

적다	记		도장을 찍는다	盖章
서기	数记		기재하다	记载
호적	户籍		경력	经历

포인트 주민등록번호

상황의 추리발화가 이루어 지는 상황을 상상하며 듣고 발화전후의 내용을 살펴가며 듣는다. 듣기에서 자극을 받아 그 내용을 더욱 창의적으로 확장시키는 것도 글의 이해라 할 수 있다. 즉 이해란 글속에 제시된 내용을 파악하고 이를 더욱 심화하고 확대하고 비판하는 생각의 과정이다.

译文 状况的推理

听的时候想象着对话进行的状况，并注意对话前后内容。根据所听的内容进行创意性扩展也可视为对文章的理解。所谓理解就是了解所提示的内容并进行对比，加以深化，扩展，批判的思维过程。

[예1] 다음 대화를 듣고 이어질 수 없는 말을 고르십시오. (听对话, 选择不可接续的句子。)

🎧 **듣기대본** (听力本文)

> 가: 무슨 일로 오셨어요?
> 나: 박 선생님을 좀 만나고 싶어서 왔는데요.
> 가: 지금 자리에 안 계신데 좀 기다리시겠어요?
>
> ① 아니오, 갔다가 다시 오겠어요.
> ② 몇 시에 돌아오세요?
> ③ 그럴걸 그랬어요.
> ④ 네, 그렇게 하겠어요.

☑ **핵심표현**

　　□□ 자리에 안 계신다　　不在

 **포인트**　그럴걸 그랬어요.

위의 대화를 이으려면 "기다리겠어요?"에 대한 대답이어야 한다. 즉 "기다리겠다 또는 기다리지 않겠다"로 혹은 "언제 오는지"를 물어 볼 수 있다. 특히 언제 오는지에 대한 물음은 대화 내용에 대한 일문 일답이 아니고 창의적으로 대화를 이어갈 수 있는 물음으로써 글을 확장시킨 이해라고 할 수 있다. 지문에 이러한 내용을 담은 ①, ②, ④는 정답이 될 수 있다. 그러나 ③은 지난 일에 대한 가정, 후회를 나타냈으므로 위의 대화에 이어질 수 없다. 그러므로 답은 ③이다.

（说明）　要续上面的对话, 应是"기다리겠어요?"的回答, 即"기다리겠다", 或者 "기다리지 않겠다"或者可以问"언제 오는지"。特别要提的是对什么时候能来的提问不是一问一答形式, 而是对提问进行扩展, 回答也是比较具有创意性的。①, ②, ④为可接续的句子。③表现出对过去的假设和后悔所以不能接续对话, 所以正确答案是③。

[예2] 다음 대화를 듣고 이어질 수 없는 말을 고르십시오. (听对话, 选择可接续的句子。)

🎧 듣기대본 (听力本文)

> 가: 네, 한국호텔입니다..
> 나: 이번 주 토요일로 예약을 하려고 하는데요.
> 가: 어떤 방을 해 드릴까요?
>
> ① 두 개면 돼요.
> ② 온돌방으로 해 주세요.
> ③ 조용한 방으로 해 주세요.
> ④ 바다가 보이는 방으로 주세요.

☑ 핵심표현

☐☐ 온돌방　地暖炕　　　　　　　　☐☐ 조용하다　安静

👓 포인트　두 개면 돼요, 의문 대명사에 대한 이해

해설

이 대화를 이으려면 "어떤 방을 해 드릴까요?"에 대한 대답을 해야 한다. 즉 "어떤 방"이 초점이다. 주어진 지문에서 "온돌방", "조용한 방", "바다가 보이는 방" 등은 정답이 될 수 있고 ①은 "몇 개 필요한가"에 대한 답으로서 문제의 정답이 될 수 없다. ②, ③과 ④는 "어떤 방"에 대한 답이고 ①은 "몇 개 필요한가"에 대한 답이다.

说明　连接这个对话, 要能够回答 "어떤 방을 해 드릴까요?" 的提问。在这里焦点是 "어떤 방"。已经提供的句子里有 "온돌방, 조용한 방, 바다가 보이는 방" 这些都可以接续, ①是对 "몇 개 필요한가"的答案, 所以不可能是正确答案。②, ③, ④是对 "어떤 방"的回答, 而①则是对 "몇 개 필요한가"的回答。

(1) 다음 대화를 듣고 이어질 수 없는 말을 고르십시오. (听对话, 选择不能接续的句子。)

듣기대본 (听力本文)

가: 주말에 이사를 한다고 들었는데 준비는 다 했어요?
나: 네, 짐을 옮기기만 하면 됩니다.
가: 어떻게 이사 하려고요?
나: 아직 모르겠어요.

① 도와줄 사람이 있어요?
② 저희들이 도와드릴까요?
③ 이삿짐 센터를 소개해 줄까요?
④ 이사간 새 집이 마음에 안 들어요?

☑ 핵심표현

　　 짐을 옮기다　 搬东西　　　　　 이사하다　 搬家
　　 이삿짐 센터　 搬家中心

☞ 포인트　 대화 상황

(2) 다음 대화를 듣고 이어질 수 없는 말을 고르십시오. (听对话, 选择不能接续的句子。)

🎧 듣기대본 (听力本文)

> 여자: 실례하겠습니다. 부산외국어대학교로 가려면 어느 쪽으로 가야
> 되지요?
> 남자: 저쪽에 유엔 박물관 보이세요?
> 여자: 네.

> ① 가장 유명한 곳이에요.
> ② 유엔 박물관 앞에 사거리가 있어요.
> ③ 유엔 박물관을 지나서 왼쪽으로 가세요.
> ④ 바로 저기에요.

☑ 핵심표현

　　□□ 실례하겠습니다　失礼了　　　　　　　□□ 박물관　博物馆

☞ 포인트　부산외국어대학교, 유엔 박물관

Memo

비판적 이해
(批判的理解)

1) 내적 준거에 의한 비판

    정보의 정확성을 확인하면서 들어야 하며 정보의 적절성을 판단하면서 들어야 한다. 특히 화자가 제시하는 주장과 근거, 그리고 내용의 전개방식이 적절한지 비판하며 듣는다.

译文　根据内在基准的评判。

听文本内容时要确认信息的正确性, 并要判断信息合适与否。特别是要边听边要评判讲话者所提示的主张和其依据, 内容, 其展开方式合理与否。

[예1] 다음을 듣고 질문에 답하십시오. (听短文, 回答提问。)

듣기대본 (听力本文)

대중목욕탕에는 가정집 욕실에서는 없는 여러 가지 시설이 많아서 잘 이용하면 건강에 도움이 됩니다. 대중목욕탕이 가지고 있는 최대의 장점은 사우나 시설이 있다는 것입니다. 사우나는 90℃ 정도의 수증기가 나와 빨리 땀이 나게 하므로 몸에 쌓여 있는 노폐물을 없애는 데 효과가 뛰어납니다.

또 대중목욕탕에는 열탕과 온탕, 냉탕이 함께 있어서 온도에 따른 건강 목욕을 할 수도 있습니다. 건강 목욕 법에서 가장 중요한 것은 목욕물의 온도입니다. 체온보다 약간 높은 43℃ 내외의 열탕에서 목욕을 하면 마음이 진정되어 스트레스나 불면증에 시달리는 사람에게 효과가 있습니다. 또 고혈압이나 심장병이 있는 사람에게도 좋은 목욕 법입니다. 열탕과 10℃ 정도의 냉탕에 교대로 몸을 담그는 방법은 혈액 순환을 도와서 피부를 건강하게 지켜 주고 관절염이나 신경통에도 효과적입니다.

질문1 : 대중목욕탕의 장점이 아닌 것은 무엇입니까?
　　　(选择不是大众澡堂长处的选项)

　　① 사우나 시설을 이용할 수 있다.
　　② 온도에 따른 건강목욕을 할 수 있다.
　　③ 고혈압이나 심장병을 낫게 할 수 있다.
　　④ 피부를 건강하게 지켜주고 관절염이나 신경통에도 효과적이다.

질문2 : 건강 목욕에서 가장 중요한 것을 고르십시오.
　　　(选择对健康洗浴最重要的一项。)

　　① 사우나 시설
　　② 목욕탕의 온도
　　③ 목욕탕의 규모
　　④ 목욕시간

☑ **핵심표현**

□□ 대중목욕탕	大众洗澡堂	□□ 노폐물	废物
□□ 불면증	不眠症	□□ 시달리다	受苦
□□ 스트레스	压力	□□ 열탕	热水池
□□ 냉탕	冷水池		

설명

내적 준거에 의한 비판은 정보의 정확성을 확인하면서 들어야 하며 정보의 적절성을 판단하면서 들어야 한다고 위에서 지적했다. 특히 화자가 제시하는 주장과 근거, 그리고 내용의 전개방식이 적절한지 비판하며 들어야 한다. 듣기 대본에서 화자가 제시하려는 주장은 첫 머리에 "대중목욕탕에는 가정집 욕실에서는 없는 여러 가지 시설이 많아서 잘 이용하면 건강에 도움이 됩니다."라고 해서 대중목욕탕의 여러 가지 장점을 나열하였다. 그리고 가장 중요한 장점을 소개하고 뒤에 접속부사 "또"를 두 번이나 써서 장점을 나열하였다. "심장병이나 고혈압에 효과 좋다"는 말과 "낫게 한다"는 말은 다르다. 먼저 지문을 보면 "병을 낫게 한다" 것은 내적 준거에 의해서도 진실성이 결여된다는 것을 알 수 있으므로 정보의 정확성을 쉽게 판단할 수 있다. 그리고 두 번째는 "가장 중요한 것은 목욕물의 온도입니다" 라고 본문에 이미 나와 있으므로 잘 들으면 쉽게 답을 찍을 수 있다.

说明　上面已经指出，在听对话时应以内在基准的评判确认信息是否正确，是否合适。特别是听讲时要注意讲话者提示的主张和依据，内容和展开是否合适。在短文中讲话者要提示的主张是文章开头的 "대중목욕탕에는 가정집 욕실에서는 없는 여러 가지 시설이 많아서 잘 이용하면 건강에 도움이 됩니다" 并列举了众多大众浴池的长处。在开门见山地介绍最重要的长处之后又两次使用接续副词"또"进一步罗列长处。"심장병이나 고혈압에 효과 좋다"和"낫게 한다"是有区别的。在提问中的 "병을 낫게 한다", 根据内在基准可以判断出缺乏真实性，由此也容易判断信息的正确与否。至于第二个问题，在短文中已经明确指出 "가장 중요한 것은 목욕물의 온도입니다"，所以只要认真倾听，就容易选出答案。

[예2] 다음을 듣고 질문에 답하십시오. (听对话, 回答提问。)

듣기대본 (听力本文)

남자 손님1: 점심시간이 다 되었는데 식사하러 갈까요?
여자 손님2: 할 일이 많으니까 밥 생각이 없어요.
남자 손님1: 금강산도 식후경이라더니 밥부터 먹읍시다.
여자 손님2: 그럴까요? 그럼 뭘 먹을까?
남자 손님1: 난 삼계탕 먹고 싶은데 옥미 씨 생각은 어때요?
여자 손님2: 삼계탕은 기름이 너무 많으니까 속이 불편할거에요.
남자 손님1: 그럼 갈비탕은 어때요? 옥미 씨가 갈비탕은 좋아하던데.
여자 손님2: 그냥 기름 없는 된장찌개 먹어요.

질문1 : 여자 손님은 왜 삼계탕을 싫어하십니까?
　　　　(女客人为什么不喜欢参鸡汤?)

① 할 일이 많아서
② 기름이 많아서
③ 속이 불편해서
④ 갈비탕이 좋아서

질문2 : 두 사람은 뭘 시켰습니까? (两个人点了什么?)

① 갈비탕
② 삼계탕
③ 된장찌개
④ 밥

☑ **핵심표현**

☐☐ 생각이 없다	不想 (吃)	☐☐ 속이 불편하다	不舒服
☐☐ 기름 없다	没有油		

∞ **포인트** 원인어미 −아서

설명

두 가지 지문이 있으므로 수험생은 먼저 지문의 내용을 파악한 다음 녹음을 들으면서 여자의 의도와 남자의 의도에 초점을 두어야 한다. 여자는 기름이 많아서 속이 불편하다고 말하고 있다. 대본을 들으면 음식이 네 가지나 나오는데 주장하는 견해는 보통 제일 뒤에 있다. 그러므로 들을 때 마지막에 뭘 시켰는가를 잘 들으면 된다.

（说明） 此题两个提问，所以应试生要先掌握提问的内容，然后在听录音时要把焦点放在女子的意图和男子的意图上。女子说因油大吃后不舒服。听对话能了解到食物有四种，但所主张的意见一般在最后，所以对话时只要注意最后点了什么就可以了。

(1) 다음을 듣고 질문에 답하십시오. (听短文, 回答问题。)

듣기대본 (听力本文)

손님: 노트북을 사고 싶은데요.

직원: 어떤 식의 노트북을 좋아하십니까?(찾는 브랜드가 있습니까?)

손님: LG회사제품이 있어요? 그리고 최근에 세일하는 노트북은 없습니까?

직원: 있습니다. 이건 LG에서 나온 신제품입니다. 작고 가볍고 디자인도 예쁩니다. 그리고 이 제품은 원래 가격이 200만원인데 지금 세일 기간이기 때문에 160만원에 판매하고 있습니다.

손님: 이 LG IBM 제품 저도 많이 들었어요. 메모리 용량은 얼마입니까?

직원: 128MB입니다.

손님: 전 메모리 용량이 좀 큰 게 필요한데요.

직원: 원하시면 메모리 용량을 업그레이드 해드리겠습니다.

질문1 : 들은 내용과 다른 것을 고르십시오. (选择与所听内容不同的句子。)

① 지금은 노트북을 할인하여 판매한다.

② LG의 노트북은 할인해서 200만원이다.

③ 노트북의 메모리 용량은 128MB이다.

④ 메모리가 작아서 살수 없다.

질문2 : 손님이 사려는 노트북의 내용이 아닌 것을 고르십시오.

　　　　(选择与客人想购买的手提电脑不相符的答案。)

① LG회사 제품

② 세일상품

③ 작고 가벼운 것

④ 메모리 용량이 큰 것

☑ **핵심표현**

	디자인	款式		용량	容量
	업그레이드	升级			

∞ **포인트** 업그레이드

(2) 다음을 듣고 물음에 답하십시오. (听短文, 回答问题。)

🎧 **듣기대본** (听力本文)

> 남자: 취직 시험 준비는 잘 돼 가요?
> 여자: 머리만 복잡하고 공부는 잘 안 돼요
> 남자: 너무 조급하게 생각하지 말고 차근차근 하세요
> 여자: 아무래도 이번에는 포기해야 할 것 같아요
> 남자: 일단 시작했으면 끝을 봐야지요.
>
> 질문 : "남자"가 주장하는 것은 무엇입니까? (男子主张什么?)
>
> ① 일단 포기하세요.
> ② 일단 시작 할 바에는 잘 하세요.
> ③ 일단 시작했으면 포기하지 말아야 해요.
> ④ 일단 시작하세요.

☑ **핵심표현**

	일단	一旦		−(으)ㄹ 바에는	与其……不如
	차근차근	仔细地		끝을 보다	结果, 结束

∞ **포인트** 끝을 보다

청자에게 미치는 효과를 판단하면서 들어야 하며 사회적 통념이나 윤리성을 기준으로 따져 가면서 듣는다.

译文　根据外在基准的评判

听对话时要判断给听者带来影响, 并以社会的通常观念和伦理为基准分析内容。

[예1] 다음의 뉴스를 듣고 비판의 초점이 되고 있는 것을 고르십시오.
(听新闻, 选择批判的焦点在哪里。)

🎧 듣기대본 (听力本文)

앵　커: 남성들이라면 사석에서 '요즘 여자들 참 무섭다'라는 말을 하거나
　　　　혹은 들으신 적이 있으실 겁니다. 오늘은 무심코 내뱉는 이 말의
　　　　의미를 따져 보았습니다.
기　자: 대기업의 남자 직원들이 모인 자리에서 이들은 여자 후배가 더
　　　　무섭다고 말합니다. 또 여자 상사가 더 깐깐하다는 하소연도 합니다.
　　　　한 회사원의 말을 들어보겠습니다.
인터뷰: (남자) 여자들은 어떤 원칙이 주어지면 그 틀 안에서는 절대 벗어나지
　　　　않으려는 경향이 좀 강한 것 같아요.
기　자: 그러니까 여성들은 융통성이 없다는 것입니까?
인터뷰: 예, 그리고 좀 고집스러운 면도 있습니다.
기　자: 그러나 그것과 무섭다는 것과는 거리가 먼 것 같습니다. 원칙을
　　　　지키려는 것은 융통성 없는 것과는 다릅니다. 그리고 고집이 센
　　　　것 과도 다릅니다. 여자들이 더 무섭다는 말 뒤에는 원칙을 당당하게
　　　　요구하기를 주저하는 것이 우리 시대의 모습이 숨어 있는지도 모릅니다.

① 원칙을 무시하는 사회풍토
② 여성들의 융통성 없는 일 처리
③ 여성들의 인권을 무시하는 남성들의 태도
④ 남녀 차별을 심화시키는 가부장적 사회구조

☑ **핵심표현**

☐☐	무심코	无心地	☐☐	내뱉다	吐
☐☐	사석	私下里	☐☐	따져보다	计算
☐☐	깐깐하다	仔细	☐☐	하소연하다	骚然
☐☐	융통성	灵活性	☐☐	고집스럽다	固执
☐☐	당당하다	理直气壮	☐☐	주저하다	踌躇

☞ **포인트** 원칙을 무시하는 사회풍토

설명

이 부분에서는 청자에게 미치는 효과를 판단하면서 들어야 하며 사회적 통념이나 윤리성을 기준으로 따져 가면서 들어야 한다고 설명했다. 대본에서 화자가 비판하려는 문제가 곧 초점이 된다. 화자는 사회적 통념이나 윤리성 기준에서 "원칙을 무시하는 사회풍토"를 비판의 초점으로 내세우고 있다. 항상 말했지만 화자의 주장은 일반적으로 문장의 마지막에 온다. 이 대본에서도 제일 마지막에 원칙을 지키려는 것과 "융통성 없다", 그리고 고집이 센 것은 다르고 원칙을 당당하게 요구하기를 주저하는 우리시대의 모습 즉 사회풍토를 비판하고 있다. 지문에 있는 "인권을 무시하다", "가부장적 사회구조" 등 정보는 대본에 나와 있지 않다.

说明 上边已经提到此类对话要注意判断给听者带来的什么影响，并以社会的通常观念和伦理为基准进行分析。在对话中讲话者要批判的问题是焦点。讲话者以社会的通常观念和伦理为基准把批判的焦点定在了"원칙을 무시하는 사회풍토"上。就像我们平时强调的一样，讲话者的主张一般在文章的最后提出。在对话的最后指出坚持原则有别于"융통성 없다"，也有别于"고집이 센 것"，并批判了对堂堂正正地坚持原则持犹豫态度的我们这个时代的社会风气。答案中的"인권을 무시하다"，"가부장적 사회구조"等信息未出现在对话中。

[예2] 다음을 듣고 물음에 답하십시오. (听短文, 回答提问。)

🎧 듣기대본 (听力本文)

> 사상 최대 규모로 강원도지역을 강타한 '비 폭탄'으로 피해가 눈덩이처럼 커지고 있다. 강원도 인제 지역 마을 수백 곳이 고립됐다. 비닐하우스와 축사 붕괴 등 피해가 잇따랐다. 더욱이 정전으로 공장 가동 중단 사례도 속출, 수출 차질 등 산업계 피해도 커지고 있다. 여기에다 폭우로 과일과 채소값이 폭등되어 서민들의 가계부담으로도 작용하고 있다. 하늘 길, 바닷길이 막혀 한때 고립됐던 제주도는 12일 오후부터 항공운항이 재개돼 정상을 회복하고 있다.

질문 : 비 폭탄으로 빚어진 피해가 아닌 것에 대해 고르십시오.
(请选择不是因暴雨带来的灾害的一项。)

① 비닐하우스와 축사붕괴
② 공장가동 중단
③ 과일, 채소값이 폭등하여 서민들의 가게부담도 늘고 있다.
④ 하늘 길, 바닷길이 막혀 여행을 할 수 없다.

☑ 핵심표현

정전	停电		붕괴되다	崩溃
잇따랐다	跟随		속출	层出不穷
차질	差错		폭등	暴涨
가게 부담	家庭经济负担		재개되다	重新开始

☞ **포인트** : 12일 오후부터 항공운항이 재개돼 정상을 회복

대본에서는 비 폭탄으로 인해 빚어진 피해에 대해 말하고 있다. 지문에 피해가 아닌 것에 대해 고르라고 했으므로 녹음을 잘 들으면서 피해를 말해주는 비닐하우스, 정전, 과일 채소값 폭등을 들면 된다. 마지막에 "제주도는 12일 오후부터 항공운항이 재개돼 정상을 회복하고 있다."함으로써 지문 ④의 내용과는 다르다. 그러므로 정답은 ④이다.

说明   短文中讲的是暴雨带来的灾害。既然要求选择不是因暴雨带来的灾害，所以要仔细听录音，尤其是塑料大棚, 停电, 水果蔬菜价格暴涨等灾害就可以了。短文的最后"제주도는 12일 오후부터 항공운항이 재개돼 정상을 회복하고 있다"与答案④不相符，所以正确答案是④。

(1) 접속어에 유의하면서 다음 이야기를 듣고 이야기의 앞뒤 내용이 어떤 관계인지
고르십시오. (听短文, 注意接续语, 判断文章前后为何种关系。)

듣기대본 (听力本文)

요즘 청소년들이 좋아하는 음식을 조사해 보면 피자, 햄버거, 돈까스 등의
외국 음식이 한국 음식을 제치고 우선 순위를 차지하고 있다. 청소년들이
외국 음식을 더 선호하는 이유는 무엇일까? 첫째, 외국 음식이 한국 음식보다
청소년들의 입맛에 더 자극적이다. 둘째, 외국 음식점의 분위기가 한국 음식
점의 분위기 보다 더 세련되고 깔끔하다. 셋째, 대중 매체의 광고가 외국
음식의 소비를 부추기고 있다. 그러나 이렇게 외국 음식만 좋아해서는 건강에
문제가 생기게 된다. 한국 사람 체질에는 외국 음식보다 한국 땅에서 난
재료로 만든 한국 음식이 더 좋은 것이다. 특히 김치나 된장 등의 발효
음식이 영양학적인 면에서 그 어떤 식품보다 우수하다는 것은 전 세계가
인정하고 있다. 각 나라마다 그 나라 국민의 체질에 알맞은 음식이 있게
마련이다. 외국 선호 사상에 물들어 무조건 외국의 것만 좋다고 하던 시대는
지났다. 한국인에게는 한국인에게 맞는 한국적인 것이 있다. 가장 한국적인
것이 가장 세계적인 것이며 또한 가장 우수한 것이다. 이것은 음식에 있어서도
예외가 아니다.

① 원인과 결과　　　　② 내용첨가
③ 반대의 내용　　　　④ 앞부분 요약

핵심표현

□□ 제치다	搁在一边	□□ 선호하다	喜欢
□□ 자극적이다	刺激	□□ 부추기다	煽动
□□ 체질	体质	□□ 발효음식	发酵饮食
□□ －기 마련이다	……总是	□□ 예외가 아니다	不是例外

⊶ **포인트**   그러나

(2) 다음은 교복에 대한 토론입니다. 잘 듣고 대화에서 주제와 맞지 않는 말을 한 사람은 누구인지 고르십시오. (下面是对校服的讨论。听对话, 选出哪位的发言不符合主题。)

듣기대본 (听力本文)

> 미정: 저는 미정입니다. 교복이 자율화되었으면 좋겠어. 우리는 서로 다른데
>   똑같은 옷을 입는다는 건 개성을 무시하는 것입니다.
> 민석: 저는 민석입니다. 저는 반대입니다. 교복이 자율화된다면 옷에 신경
>   쓰느라고 시간을 낭비하게 될 지도 모릅니다. 그리고 교복을 입으면
>   학교에 대한 자부심을 가질 수 있다고 생각합니다.
> 영훈: 저는 영훈입니다. 저는 찬성입니다. 교복을 입으면 나도 모르게 행동을
>   조심하게 됩니다. 그래서 학생 신분에 어울리지 않는 행동은 하지
>   않게 됩니다.
> 민수: 저는 민수입니다. 하지만 교복이 없어지고 다른 옷을 입는다면 우리
>   학교 학생들끼리 더 일체감을 느낄 수 있고 알아보기도 싶지 않을까요?
> 영훈: 교복이 없어진다면 비싼 옷을 입는 사람과 그렇지 못한 사람 사이에
>   위화감이 생길지도 모릅니다.
>
> ① 미정   ②민석   ③ 영훈   ④민수

핵심표현

☐☐ 자율화되다	自由化	☐☐ 무시하다	无视, 轻视
☐☐ 신경 쓰다	用心	☐☐ 자부심	自信感
☐☐ 어울리다	适合	☐☐ 위화감	抵触情绪

⊶ **포인트**   교복의 의미와 일체감

논리적 이해
(逻辑的理解)

1) 언어 논리

논리적 오류 유무를 가려가며 들어야 하고 논리적 오류의 유형을 따져 가며 듣는다.

译文　语言逻辑

听文本时要区分有无逻辑错误，如有逻辑错误，予以分类并加以分析。

[예1] 다음 이야기에서 중심 내용과 관련이 없는 말은 무엇입니까?
(请找出与下面的短文中心内容无关的选项。)

듣기대본 (听力本文)

> 요즘 청소년들이 쓰고 있는 말을 살펴보면 표준어가 아닌 말, 거친 말,
> 상스러운 말들이 너무나 많습니다. 이것은 컴퓨터 통신의 영향이라고 생각됩
> 니다. 통신할 때 말을 마구 쓰는 습관이 일상 생활에까지 나타난 것입니다.
> 또한 텔레비전의 영향도 큽니다. 연예인들이 표준어가 아닌 말을 쓰거나
> 거칠고 상스러운 말을 쓰는 경우가 많습니다. 어떤 프로그램에서는 올바른
> 우리 말을 안내하기도 합니다.

① 요즘 청소년들이 쓰고 있는 말을 살펴보면 표준어가 아닌 말, 거친
　 말, 상스러운 말들이 너무나 많습니다.
② 이것은 컴퓨터 통신의 영향이라고 생각됩니다.
③ 프로그램에서는 올바른 우리말을 안내하기도 합니다.
④ 연예인들이 표준어가 아닌 말을 쓰거나 거칠고 상스러운 말을 쓰는
　 경우가 많습니다.

핵심표현

□□ 거친 말	粗话	□□ 상스러운 말	脏话
□□ 마구	随便	□□ 올바르다	正确
□□ 연예인	艺人	□□ 안내하다	介绍

포인트　올바른 우리말을 안내하기도 합니다.

    문제의 요구는 중심내용과 관련이 없는 말을 고르는 문제다. 그러므로 문제의 답을 고르자면 먼저 이 대본의 중심 내용이 무엇인지를 먼저 알아야 한다. 중심 내용은 첫 머리에 쓰인 "요즘 청소년들이 쓰고 있는 말을 살펴보면 표준어가 아닌 말, 거친 말, 상스러운 말들이 너무나 많습니다."이고 아래에 그 원인을 밝히고 있다. 때문에 "프로그램에서는 올바른 우리말을 안내하기도 합니다."고 한 지문③은 문장의 중심내용과 맞지 않는 말이다. 따라서 정답은 ③이다.

    说明　提问的要求是寻找与中心内容无关的一项，因此为了找出正确答案首先要知道短文的中心内容是什么。中心内容在文章开头部分"요즘 청소년들이 쓰고 있는 말을 살펴보면 표준어가 아닌 말, 거친 말, 상스러운 말들이 너무나 많습니다.", 然后紧接着指出了其原因, 所以第③选项"프로그램에서는 올바른 우리말을 안내하기도 합니다"与中心内容不相符。

[예2] 다음은 이 글에 나타난 내용을 요소 별로 설명한 것이다. 잘못된 것은?

　　　(下面选项把短文的内容概括成了几个要素，请找出错误的一项。)

🎧 듣기대본 (听力本文)

> 　　버스가 내가 내릴 정류장에 도착하였다. 그런데 어찌된 일인지 어머니께서는 보이지 않으셨다. 조금은 섭섭하였다. 하지만 순간, 이젠 비가 오더라도 아무 사고 없이 혼자서 집에 돌아갈 수 있다는 걸 어머니께 보여 드리고 싶어졌다. 그래서 빗속을 한 발 한 발 조심스럽게 걷기 시작했다. 그러나 결국 물이 괸 웅덩이를 건너다 잘못하여 넘어지고 말았다. 흙탕물에 빠진 낭패감에 갑자기 눈물이 나기 시작했다. 그러나 그것도 잠시, 거기 서 있는 사람들이 나를 쳐다보고 있다는 걸 느끼는 순간, 창피한 생각에 얼굴이 달아오르고 마음이 급해졌다. 빨리 일어나야 한다는 생각뿐이었다. 나는

옆에 있는 의자를 짚고 다시 일어나서야 걸을 수 있었다. 막 걸음을 옮기려는데 뒤에서 누군가 우산을 들어 비를 막아 주었다. 나는 그 고마운 분께 인사를 하려고 뒤를 돌아보았다. 그런데 너무나 뜻밖이었다. 거기엔 어머니가 계셨던 것이다. 어머니의 눈에는 눈물이 가득 괴어 있었다. 그 날 나는, 어머니의 따뜻한 눈물과 혼자서도 할 수 있다는 뿌듯함 때문에 마냥 행복(幸福)하였다.

① 사건이 일어난 시간: 귀가 시간
② 사건이 일어난 장소: 버스 정류장
③ 사건의 중심 인물
④ 사건의 결과
⑤ 사건이 일어난 원인

☑ **핵심표현**

□□ 섭섭하다	遗憾		□□ 빗속	雨中
□□ 물이 괴다	积水		□□ 웅덩이	沟
□□ 낭패감	狼狈感		□□ 창피하다	丢脸
□□ 달아오르다	热起来, 热乎乎		□□ 짚다	按
□□ 뿌듯하다	充实			

☞ **포인트** 사건이 일어난 장소

　　듣기 대본의 내용은 주장이 아니라 하나의 사실을 썼다. 사실에 대한 이해는 일반적으로 육하원칙으로 하면 빠르고 정확하다. 지문의 내용 역시 "언제, 어디서, 누가, 무엇을, 왜, 어떠했는가"를 묻고 있다. 그러므로 들을 때 대본에 나오는 시간, 장소, 인물, 원인, 결과에 대해서 잘 들으면 쉽게 답을 찾을 수 있다. 대본에서 일어난 시간은 귀가 시간이고, 원인은 비가 많이 내렸기 때문이고, 인물은 장애인 "나"이고 결과는 행복했다"이다. 그러나 장소는 버스 정류장이 아니라 집으로 돌아오는 길인데 ②에서 장소가 잘못되었으므로 정답은 ②이다.

　　说明　　短文的内容是叙述某个事实，而不是表达某个人的主张。对事实的理解一般使用6个要素原则就能快而准的理解内容。答案中的内容也按"언제, 어디서, 누가, 무엇을, 왜, 어떠했는가"的方式进行询问，所以只要注意短文中指出的时间，地点，人物，原因，结果就能够容易找出答案。短文中事件的发生是在回家时，原因是下大雨，人物是残疾人"我"，结果是"很幸福"。但是地点不是在汽车站，而是在回家的路上。因为②里的地点错误的，所以正确答案是②。

(1) 다음 이야기를 잘 듣고 관련이 없는 이야기는 무엇인지 찾으십시오.
(仔细听短文, 选出与主题无关的选项。)

🎧 **듣기대본** (听力本文)

> 이번 기말 시험에서 우리 반이 전체 일등을 하였습니다. 그 원인을 다음과 같이 꼽을 수 있습니다. 우리 반 아이들은 자신을 이기기 위해 모두 열심히 노력했습니다. 그리고 각자 목표 점수를 정하고 학업에 열심히 임하였습니다. 또한 우리 반은 선생님들 사이에서도 시끄럽기로 유명합니다. 개인 개인이 성적이 향상되니, 학급의 성적이 향상되는 것은 당연한 것 아니겠습니까? 최선을 다하는 우리 반 친구들이 자랑스럽습니다.

> ① 우리 반 아이들 모두 성적이 향상되니 학급의 성적도 올라갔다.
> ② 우리 반 아이들은 목표점수를 정하고 열심히 노력했다.
> ③ 우리 반은 시끄럽기로 유명하다.
> ④ 우리 반 친구들이 너무 자랑스럽다.

☑ **핵심표현**

곱다	漂亮	임하였다	莅临, 对待
유명하다	有名	향상되다	提高

☞ **포인트** −기로 유명하다

(2) 말하는 이의 주장과 직접적인 관련이 없는 이야기는 무엇입니까?
(与讲话者的主张没有直接关系的选项是哪个?)

듣기대본 (听力本文)

우리 나라 청소년들의 평균 독서량과 독서 시간이 줄고 있어 걱정스럽다. 왜 이렇게 독서량이 줄어들고 있는 것인가? 청소년들에게 독서를 방해하는 요인에 대하여 설문조사를 한 결과 '공부, 숙제, 학원 수강, 독서 습관 부족, 인터넷 컴퓨터 게임, 텔레비전 시청'들을 꼽았다. 컴퓨터 인터넷의 발달과 과중한 학습 부담으로 청소년들이 차분하게 책을 읽을 수 있는 환경이 예전보다 나빠진 것이다. 그리고 요즘은 하루가 멀다 하고 새로운 책들이 쏟아져 나와 출판물의 홍수를 실감하게 한다. 그러나 독서량이 줄어드는 현상을 단순히 시대 변화의 탓으로만 돌리기에 앞서 우리 청소년들이 책을 읽겠다는 의지가 부족하지는 않았는지를 반성해 보아야 하겠다

① 새로운 책들이 쏟아져 나와 출판물의 홍수를 실감하게 한다.
② 청소년들의 독서를 방해하는 요인에 대해 설명했다.
③ 독서량이 줄어드는 현상은 단순히 시대 변화의 탓이다.
④ 청소년들이 책을 읽겠다는 의지가 부족하지는 않았는지 반성해야 한다.

핵심표현

줄다	减少	요인	重要原因
과중하다	过重	차분하다	认真, 细致
쏟아져 나오다	大量出来, 喷薄而出	실감하다	切实感到

포인트　 −기에 앞서

전체적인 판단과 인과적 관계를 따져 가며 들어야 하고 추론의 유형을 가려가며 듣는다.

사실적 사고 능력보다 한 차원 높은 사고 능력으로 언어의 표현과 이해 과정에서 내용, 과정, 구조에 대한 추리를 통하여 언어 정보에 대한 더욱 깊고 수준 높은 다양한 논리적 사고 능력을 포함한다.

이 능력은 다양한 말이나 글과 같은 언어 표현에서 그 내적 연관성을 종합하여 논리적으로 추리하는 능력과 내용 간의 관련성을 긴밀하게 관련 지어 전개·발전시킬 수 있는 능력을 측정하기 위한 것이다.

가장 중요한 것은 주어진 정보를 정확하게 이해하고 전후의 맥락과 연결시키는 일이다. 보기에는 동일한 내용이라 할지라도 전후 문맥에 따라 다른 의미를 가질 수 있기 때문이다.

남의 말을 들을 때에는 화자가 어떤 입장에서 있는가 이와 대립되는 입장은 무엇인가를 살펴야 한다. 그리고 주장하는 내용과 그 근거를 분석하고 이들 사이에 논리적 관계가 성립되는지 그리고 타당한지를 생각하고 추론 과정에 오류가 없는지를 따져 본다. 듣기 능력에서는 이러한 능력이 가장 어려운 종합적인 능력이라고 할 수 있다.

[译文] 推论的类型

听话时要进行整体的判断细究内容的因果关系，并对这样的推论加以分类。

这是一种比一般的事实思考能力高一层次的思考能力， 在语言的表达和理解过程中通过对内容, 过程, 结构的推理, 对语言信息进行更为深刻, 更为高水准的各种逻辑分析的能力。这种能力主要考核听者是否能对各式各样的讲话, 文章等进行具有内在连贯性的综合分析, 而且还要考核听者能否紧密联系各项内容并加以扩展的能力。

最重要的是对已知信息的正确理解和联系信息的的前后脉络。看似相同的内容, 有时因前后文脉不同会具有不同的意义。 听别人讲话时要考虑到讲话者是站在什么角度讲的, 与此相反的观点是什么, 还要分析言者主张的内容和依据， 思考这两者间是否能成立逻辑关系， 这种关系是否妥当, 有无推理过程的错误等。在听力能力中这是最难掌握的综合能力。

[예1] 다음 이야기를 듣고 이야기의 앞뒤 내용이 어떤 관계인지 고르십시오.

(听短文, 判断前后内容为何种关系。)

듣기대본 (听力本文)

> 우리는 대부분 손을 소중히 여긴다. 잘 씻고 크림도 발라주며 예쁘게 다듬기까지 한다. 그런데 발은 양말 속에 가려져 있기 때문인지 함부로 다룬다. 편안한 신발 대신 높은 굽의 구두를 신기도 하고 땀을 잘 흡수하는 양말 대신 겉모양만 그럴 듯 한 양말을 신기도 한다. 그러나 전문가들은 발을 잘못 다루면 여러 가지 질병이 생기기도 하고 수명을 줄일 수도 있다고 말한다. 발이 피곤하면 관절, 허리, 목 따위의 신체 모든 부위에 무리가 생기고, 결국은 온몸에 노폐물이 쌓여 장기의 노화를 재촉한다는 것이다. 한의학에서는 발의 각 부위가 오장육부와 연결돼 있다고 말한다. 머리에 해당하는 엄지발가락 부분의 상처를 입으면 두통이 생기게 되거나 뇌의 활동이 저하된다는 것이다.

① 대립의 관계를 나타냈다.
② 앞의 내용에 대한 보충, 첨가이다.
③ 앞부분과 뒤 부분은 원인과 결과이다.
④ 앞의 내용은 뒤의 내용의 조건이 된다.

핵심표현

크림	雪花膏	함부로	随意, 敢做某事
다듬다	收拾, 修整	노화를 재촉하다	催促老化
저하되다	降低	무리가 생긴다	(身体上)不适, 不舒服

포인트 그러나

이야기의 앞뒤 내용의 관계는 보통 접속어에 의해서 표현된다. 이 듣기 대본에서 보면 중간에 "그러나"라는 접속어가 있다. 앞에서 "대부분 손을 소중히 여긴다."를 쓰고 뒤에 "그러나"를 쓴 것은 앞뒤 문장내용이 대립관계를 이룬다는 것을 알 수 있다. 수험생들이 문장에서 "발을 잘못 다루면", "상처를 입으면", "발이 피곤하면" 등 조건의 어미를 쓴 구절들이 반복되어 나오기 때문에 오답을 넘지 못하고 ④를 찍을 수 있다. 문장에서 앞뒤 내용의 관계는 주로 판단 문 뒤에 접속부사를 많이 써서 표현된다. 예를 들면 원인결과를 나타내면 "그러므로, 그래서, 때문에" 등을 쓰고 대립은 "그러나, 하지만" 등을 쓰고, 내용첨가는 "그리고, 또" 등을 쓴다. 만약 이같이 접속 부사들이 없다면 문장에 쓰인 어미에 주의를 돌려서 문장관계를 따져봐야 한다.

[说明] 文章前后内容的关系主要靠接续语来表现，而在这篇短文中有接续语"그러나"。在前面叙述了 "대부분 손을 소중히 여긴다"之后使用了"그러나"，说明前后文章内容的关系是对立关系。

应试生因文章中反复出现的"발을 잘못 다루면"，"상처를 입으면"，"발이 피곤하면"等表示条件关系的词尾容易被误导而选择④。文章前后内容的关系主要靠判断文后面的接续词来表现。例如表示原因关系的多用"그러므로，그래서，때문에"等，对立关系多用"그러나，하지만"等，递进关系则多用"그리고，또"等。如果没有这些接续副词，就要注意文中词尾的使用，根据它们分析出文章的关系。

[예2] 다음을 듣고 물음에 답하십시오. (听短文, 回答问题。)

🎧 듣기대본 (听力本文)

요즘 우리 나라가 취업난에 놓여 있다고 한다. 대학을 졸업한 고등 인력자는 많지만 직장의 수가 한정되어 있어 놀고 있는 사람들이 대부분이다. 소위 말하는 이태백의 증가이다. 이 태백이란 20대 태반이 백수라는 것이다. 우리 나라 경제의 불안정과 졸업생들의 인식이 문제다. 이는 기업의 구조조정과 채용 시 소수의 인력을 뽑는 문제, 대부분의 졸업생들이 대기업을 갈

> 망하고 높은 연봉을 받을 수 있는 직업을 구하려는 문제로 취업이 원활하지 못한 것 같다.
>
> 질문1 : 취업이 원활하지 못한 이유가 아닌 것을 고르십시오.
> 　　　　(挑出与就业率低无关的内容。)
>
> ① 놀고 있는 사람이 대부분이다.
> ② 우리나라의 경제의 불안정이다.
> ③ 졸업생들이 대기업을 갈망하고 있기 때문이다.
> ④ 대기업은 구조조정으로 소수의 인력만 뽑기 때문이다.

☑ 핵심표현

☐☐	백수	没有工作的人	☐☐	불안정	不安定
☐☐	구조조정	人员调整	☐☐	갈망하다	渴望
☐☐	연봉	年薪	☐☐	원활하다	顺利地

∞ **포인트**　놀고 있는 사람이 대부분이다.

주장하는 내용과 그 근거를 분석하고 이들 사이에 논리적 관계가 성립하는지, 그리고 논거가 타당한지를 생각하고 추론 과정에 오류가 없는지를 따져가며 듣는다. 화자는 첫머리에 "우리나라가 취업난에 놓여 있다"고 하고 이어서 그 원인을 하나하나 규명하고 있다. 지문에 네 개 이유를 들었는데 "놀고 있는 사람이 대부분이다"라고 한 것은 취업난의 결과이지 이유가 될 수 없다. 그러므로 정답은 ①이다.

> (说明) 听的时候要分析言者主张的内容，考虑它们之间的逻辑关系是否能成立，论据是否合理，推理过程中有无错误。言者在文章的开头就指出"우리나라가 취업난에 놓여 있다"，然后一一阐明了其原因。提问中有四个选项，其中"놀고 있는 사람이 대부분이다"是就业率低的结果，不能是原因，所以正确答案是①。

(1) 다음을 듣고 질문에 답하십시오. (听短文, 回答提问。)

🎧 **듣기대본** (听力本文)

> 자녀들은 자신의 일에 자신감을 가지고 열심히 일하는 어머니를 보면서 성취감, 자신감, 일에 대한 열정을 배우게 되고 그런 어머니를 오히려 자랑스러워 한다고 봅니다. 그리고 직장에서 돌아와 보다 짧은 시간에 많은 가사 일을 효율적으로 처리하기 위해서 시간을 적절히 배분하는 것을 보며, 시간 활용법도 배울 수 있게 되고 또한 자녀는 다른 사람의 도움 없이 모든 일을 혼자 처리하는 능력을 어려서부터 습득할 수도 있다고 봅니다. 일반적으로 직업여성의 자녀는 전업 주부의 자녀보다 소극적이고 기를 못 펴고 산다는 고정 관념과는 달리 통계에 의하면 훨씬 활동적이고 능동적이며 난관을 부딪쳐도 문제 해결을 잘 해 나가며 성숙된 행동을 취한다고 들었기 때문입니다.
>
> 질문 : 무엇에 대한 이야기입니까?
>
> ① 여성들의 활동에 대하여
> ② 여성들의 활동이 자녀 교육에 대한 영향에 대하여
> ③ 자녀들의 자신감에 대하여
> ④ 직업여성 자녀의 능력에 대하여

☑ **핵심표현**

☐☐ 성취감	**成就感**	☐☐ 오히려	**反而**
☐☐ 효률	**效率**	☐☐ 적절히	**适当地**
☐☐ 배분하다	**分配**	☐☐ 기를 펴다	**扬眉吐气**

∞ **포인트** 문장의 요약문

실력 다지기

(2) 다음을 듣고 물음에 답하십시오. (听短文, 回答提问。)

🎧 듣기대본 (听力本文)

> "일본은 우리에게 무엇인가?"는 2000년에서 2001년에 거쳐 부산 민주
> 공원 '민주주의 사회 연구소'가 주최한 시민 강좌의 강연내용을 정리해 책으로
> 엮은 것이다. 부산은 지리적 근접성으로 인하여 일본과의 교류가 국내 어느
> 지역보다 빈번하게 이어져 오고 있는 곳이다. 역사 적인 관계뿐만 아니라
> 경제적, 문화적 관계에 있어서도 일본과 가장 활발한 교류관계가 형성되어
> 있는 곳이기도 하다. 최근에는 'APEC 정상회의'의 개최 등 동아시아 경제중심
> 지로 발돋움하고 있는 이 지역이 향후의 한일 관계뿐만 아니라 동아시아의
> 평화로운 지역 질서를 주도함에 있어 그 역할이 기대된다고 볼 수 있다.

질문1 : 이 문장은 무엇에 대한 글입니까?

  ① 책 소개

  ② 시민 강좌의 강연내용 소개

  ③ 민주주의 사회연구소 소개

  ④ 일본에 대한 소개

질문2 : 부산이 일본과 교류가 국내 어느 지역보다 활발한 이유를 쓰십시오

(　　　　　　　　　　　　　　　　　　　　　　　)

✓ 핵심표현

□□	주최하다	主办	□□	엮다	编撰
□□	근접성	近邻, 紧邻	□□	빈번하다	频繁
□□	이어지다	连续	□□	정상회의	首脑会议
□□	개최	开办, 举行	□□	발돋움하다	垫起脚尖, 起步, 飞跃
□□	향후	以后	□	주도하다	主导

☞ 포인트   1) ─은/는……책이다   2) ─(으)로 인하여   3) …책으로 엮은 것이다.

부록

핵심표현어휘 다시보기

附錄：核心词汇表

가게 부담	家庭经济负担	관광	旅游
가격	价格	광	谜
가입하다	加入	구조조정	人员调整
가정환경	家庭环境	구하다	求, 找(工作)
갈망하다	渴望	굳다	坚定
개최	开办, 举行	권유	劝诱
거짓말	谎话	귀국하다	回国
거친 말	粗话	그냥	就那样
걱정하다	担心	그러고 보니	……之后才…
걸리다	花费, 需要	그럼	那么
겨우	勉强	그렇게	那样
결심	决心	근접성	近邻, 紧邻
결혼	结婚	근처	附近
경력	经历	기념품	纪念品
경영학	经营学	기다리다	等待
경우	情况	기를 펴다	扬眉吐气
계단	阶梯	기름 없다	没有油
계열사	系列公司	-기 마련이다	……总是
고르다	挑选	기쁨	高兴
고립되다	孤立	기재하다	记载
고시원	考试院	기적	奇迹
고집스럽다	固执	기차역	火车站
고쳐주다	给修正	길다	长
고향	故乡	길을 건너다	过路
곱다	漂亮	깐깐하다	仔细
곳곳	处处	꼭 맞다	正合适
공예품	工艺品	끈	绳子
공중전화 박스	公用电话亭	끝나다	结束
과자	饼干	끝을 보다	结果, 结束
과중하다	过重	나타나다	出现

남의 떡이 더 커 보인다	这山望着那山高	당연하다	当然
남하	南下	당하다	遭遇
낭패감	狼狈感	대보름	正月十五
낯이 익다	面熟	대비하다	准备
내려다 보다	俯视	대사	台词
내리다	下降	대중목욕탕	大众洗澡堂
내뱉다	吐	덮친 격	纠缠在一起
냉장고	冰箱	도장을 찍는다	盖章
냉탕	冷水池	돈이 들다	需要钱，费钱
넉넉하다	足够	동전	铜币
넘다	超过	동창	同学
넘어지다	摔倒	들어가다	进去(回国)
노폐물	废物	등산	登山
노화를 재촉하다	催促老化	등잔 밑이 어둡다	灯下黑
놀라다	吃惊	디자인	款式
누르다	按	따다	摘
누워서 떡 먹기	易如反掌	따져보다	计算
눈에 넣다	放在眼里	떠올리다	浮现
느끼다	感觉	떨어지다	落，落下
늘어나다	增加	뚜렷하다	清楚
다니다	上(班，学)	뜨다	(飞机) 起飞
다듬다	收拾，修整	마구	随便
다음 주	下周	마음에 들다	相中，喜欢
다이어트	减肥	마중	出迎
다행이다	万幸	막히다	堵车
단풍	枫叶	말도 말다	别提了
달다	甜	맡다	负责
달아오르다	热起来，热乎乎	매출액	销售额
달하다	到达	면접시험	面试
당당하다	理直气壮	면허증	驾驶证

몇 번	几次	벚꽃	樱花
모르는 척 하다	装不懂	별	星星
모자라다	不够	보통	一般，普通
목숨	生命	복덕방	房产中介
몰래	悄悄地	부두	码头
무너트리다	使倒塌	부러지다	折断
무리가 생긴다	(身体上) 不适, 不舒服	부추기다	煽动
무소식	无消息	부치다	寄
무승부	不分胜负	분장사	化妆师
무시하다	无视, 轻视	불면증	不眠症
무심코	无心地	불안정	不安定
무척	非常, 极为	붕괴되다	崩溃
묶다	捆	브랜드	商标，品牌
문구점	文具店	비기다	打成平局
문을 열다	开门(营业)	비슷하다	相似，差不多
문의하다	咨询	비즈니스수속창구	公务舱窗口
문턱이 높다	门槛高	빈말	空话
물이 괴다	积水	빈번하다	频繁
미리	提前	빌다	祈求
미역국 먹다	[惯用语] 考试落榜	빗길	下雨的路
미용사	美容师	빗속	雨中
바꾸다	换	뽑다	选
바로	就是	뿌듯하다	充实
바르다	正确	사귀다	交(朋友)
박물관	博物馆	사석	私下里
반대하다	反对	사실	事实
발돋움하다	垫起脚尖, 起步, 飞跃	사이즈	尺寸
발효음식	发酵饮食	사전에	事前
배분하다	分配	사회모습	社会面貌
백수	没有工作的人	산들산들	微微地

산행	山行	스트레스	压力
살다	生活, 住	슬픔	悲哀
상스러운 말	脏话	시달리다	受苦
새것	新的	시장조사	市场调查
새마을호	新村号	시험보다	考试
생각이 없다	不想 (吃)	식은 죽 먹기	易如反掌
색상	颜色	신경 쓰다	用心
생기다	发生	실감하다	切实感到
서기	数记	실력	能力, 实力
서리	霜	실례하겠습니다	失礼了
선물	礼物	실시	实施
선호하다	喜欢	심하다	严重
설상가상	雪上加霜	십중팔구	多半
설악산	雪岳山	싱글거리다	微笑
섭섭하다	遗憾	쌍둥이	双胞胎
성취감	成就感	쏟아져 나오다	大量出来, 喷薄而出
세탁소	洗衣房, 干洗店	쏟아지다	倾盆大雨
셋집	租房	아는 척하다	装懂
소귀에 경 읽기	对牛弹琴	아르바이트	打工
소비자	消费者	아마	或许
소설	小说	아무것도	什么也…
소원	夙愿	아직	还
속달	快递	악하다	恶
속이 불편하다	不舒服	안내하다	介绍
속출	层出不穷	안에	－之内
손님	客人	애인	恋人
쇼핑몰	购物广场	약혼하다	订婚
수선하다	修理, 翻新	양복점	服装店
수영장	游泳池	어떡해요	怎么办
수표	支票	어떻게	怎样

어렵다	难	운전면허증	驾驶证
어릴적	小时候	울긋불긋	五颜六色
어울리다	适合	웅덩이	沟
업그레이드	升级	워낙	本来
여권	护照	원활하다	顺利地
역시	还是	월세	月租
역할	作用	위화감	抵触情绪
엮다	编撰	유명하다	有名
연결하다	联系，转接	융통성	灵活性
연봉	年薪	-(으)ㄹ 바에는	与其……不如
연예인	艺人	은행	银行
연이어	随后就	음식점	饭店
열심히	用功地, 积极地	이기다	赢
열탕	热水池	이러이러하다	这样那样
염색	染	이런 것쯤	这些事情
영화관 직원	电影院职员	이루어지다	实现
예외가 아니다	不是例外	2박3일	三天两夜
옛날	从前	이사하다	搬家
오곡밥	八宝饭	이삿짐 센터	搬家中心
오디션	面试	이야기하다	说
오히려	反而	이어지다	连续
온돌방	地暖炕	인터넷	因特网
올바르다	正确	일단	一旦
올해	今年	일반석	普通舱
옳다	对的	일어나다	发生
완전히	彻底地, 完全地	일자리	工作
요인	重要原因	임하였다	莅临, 对待
용량	容量	잇따랐다	跟随
우정	友谊	잊다	忘记
운영하다	经营管理	자극적이다	刺激

자라다	成长	정하다	决定
자르다	剪	제대로	毫厘不差
자리	位子	제때에, 제시간	按时
자리에 안 계신다	不在	제외하고	除外
자부심	自信感	제출	提交
자율화되다	自由化	제치다	搁在一边
자전거	自行车	조금	一点
작심삼일	两天打鱼，三天晒网	조금씩	一点一点地
잘못	错误	조용하다	安静
장기	优点，特长	종업원	营业员
장마전선	降雨云层	주도하다	主导
장학금	奖学金	주말	周末
재개되다	重新开始	주유소	加油站
저렴하다	低廉，便宜	주의를 돌리다	注意
저하되다	降低	주인	主人
적다	记	주저하다	踌躇
적절히	适当地	주차장	停车场
전망	展望，预计	주최하다	主办
전문용어	专业用语	줄다, 줄어들다	减少
전세	年租	지다	输
전자상가	电子产品商店	지불하다	支付
전화카드	电话卡	지원자	志愿者，申请者
절반	一半	직접	直接
점하다	占	진료	诊疗
정도	程度	짐을 옮기다	搬东西
정상회의	首脑会议	짚다	按
정신력	精神力	짧게	短的
정육점	肉店	쯤	左右
정전	停电	차근차근	仔细地

차분하다	认真，细致	폭등	暴涨
차질	差错	폭우	暴雨
차편	车次	품에 안다	抱在怀里
착하다	善良	품질	品质
찻집	茶馆	풍습	风习
창피하다	丢脸	피곤하다	疲惫
찾다	取，找	피서	避暑
철학가	哲学家	하늘	天
체질	体质	하루 종일	整天
추천입학	推荐入学	하마터면	差点儿
축구경기	足球比赛	하소연하다	骚然
측정하다	测定，推定	하숙집	寄宿
크림	雪花膏	할인	削价
큰일 나다	出大事	함부로	随意，敢做某事
키가 작다	个子矮	해롭다	有害
타다	骑	핸드백	手提包
탑승	搭乘，登机	향상되다	提高
탓하다	怪	향후	以后
태풍이 불다	刮台风	헬스클럽	健身俱乐部
택배회사	特快专递公司	현찰	现金
특기	特长	호랑이	老虎
티켓	票	호우특보	大雨警报
판매량	销售量	호적	户籍
퍼센트	百分比	혹시	或许
편입하다	插班	홍보하다	广告，宣传
평가	评价	확대	扩大
평일	平日	효률	效率
포기	放弃	희소식	好消息
폭넓다	广泛	힘들다	难

TOPIK **Listening**(Elementary & Intermediate)

by JIN ZHONG SHI · LI JI LIAN

한국어능력시험 – 듣기(초급/중급)

초판인쇄 2007년 2월 7일
초판발행 2007년 2월 10일

지은이 김충실 · 이길연
펴낸이 박찬익
편 집 김은영 · 김민영 · 안영주
펴낸곳 도서출판 **박이정**

주 소 130-070 대한민국 서울시 동대문구 용두동 129-162
전 화 (02) 922-1192~3, 팩스 (02) 928-4683
E-mail pijbook@naver.com
온라인 (국민) 729-21-0137-159
등 록 1991년 3월 12일 제1-1182호
ISBN 978-89-7878-903-5-13710

값 9,000원